JN275251

Minerva Shobo Librairie

音楽科における
教師の力量形成

高見仁志

［著］

ミネルヴァ書房

音楽科における教師の力量形成
目　次

序　章　研究の課題と方法 …………………………………………… *1*

 第1節　問題の所在 ……………………………………………… *1*
 第2節　研究の目的 ……………………………………………… *2*
 第3節　先行研究と本研究の意義 ……………………………… *3*
 第4節　研究方法 ………………………………………………… *6*
 第5節　研究の構成と概説 ……………………………………… *7*
 第6節　研究の基盤となる用語の概説 ………………………… *10*

第Ⅰ部　音楽科における教師の力量形成に関する基礎理論の探究

第1章　「教師の力量形成」とは何か ……………………………… *16*
 第1節　教師の「力量」とは …………………………………… *17*
 第2節　音楽科における教師の力量 …………………………… *18*
 第3節　「形成」が意味する教師の成長と発達 ……………… *21*

第2章　音楽科授業における教師の思考探究の基礎理論 ……… *25*
 第1節　ショーンによる「反省的実践家」理論 ……………… *26*
 第2節　音楽科授業における教師の思考の構造 ……………… *32*
 第3節　見えない活動を見るために──教師の思考の調査方法 ……… *36*

第3章　音楽科における教職経験探究の基礎理論 ……………… *44*
 第1節　教師のライフコースとライフステージ ……………… *45*
 第2節　教師のライフステージの実態 ………………………… *48*
 第3節　教師の力量形成を考える上で注目すべきライフステージ ……… *54*
 第4節　教職経験の調査方法 …………………………………… *56*

第Ⅱ部　音楽科授業に表れる教師の力量に関する事例研究

第4章　音楽科授業における教授行為················62
第1節　音楽科授業に見られる教授行為················63
第2節　調査の概要················65
第3節　新人教師と熟練教師の教授行為の違い················70
第4節　熟練教師の教授行為からの示唆················78

第5章　音楽科授業における教師の思考様式(1)················81
　　　　――「状況把握」としての思考
第1節　調査の概要················81
第2節　新人教師と熟練教師の「状況把握としての思考」の違い················83
第3節　熟練教師の状況把握からの示唆················96

第6章　音楽科授業における教師の思考様式(2)················101
　　　　――「判断」「選択」としての思考
第1節　新人教師と熟練教師の「判断としての思考」の違い················101
第2節　新人教師と熟練教師の「選択としての思考」の違い················108
第3節　熟練教師の判断・選択からの示唆················111

第Ⅲ部　音楽科における教師の力量形成過程に関する事例研究

第7章　音楽科における新人教師の力量形成過程················120
第1節　調査の概要················121
第2節　音楽科で新人教師が遭遇する困難················123
第3節　困難を乗り越える営みと教師の成長················130
第4節　調査から得られた示唆················135

第8章　新人教師の着眼点に見る音楽科教員養成の方向性……………… *141*
　　第1節　調査の概要………………………………………………………… *142*
　　第2節　新人教師は熟練教師の音楽科授業の「何」に着目したか……… *145*
　　第3節　音楽科における教員養成教育の方向性………………………… *153*

第9章　音楽科における熟練教師の力量形成過程 ……………………… *161*
　　第1節　調査の概要………………………………………………………… *162*
　　第2節　A教諭のライフヒストリー……………………………………… *165*
　　第3節　音楽科における教師の力量形成の構造………………………… *174*
　　第4節　音楽科における教師の力量形成の要因………………………… *176*
　　第5節　力量形成に関与する学校音楽文化と同僚性…………………… *179*

終　章　研究の総括と今後の課題………………………………………… *191*
　　第1節　研究の総括………………………………………………………… *191*
　　第2節　今後の課題………………………………………………………… *204*

文献目録……………………………………………………………………… *207*
あとがき……………………………………………………………………… *215*

索　引

序　章
研究の課題と方法

第1節　問題の所在

　今日の教育現場において，いじめ，授業の不成立，学級崩壊等，様々な問題が生じていることは周知の事実である。小学校音楽科においても，「子どもがわがまま勝手に楽器をならしたり，立ち歩いたり奇声を発したりする等の理由で授業が成立しない」といった事例を度々耳にするようになった。このような問題は，大学を出たばかりの新人教師にはもちろん，新人期以降の教師にも襲いかかっているのが現状であろう。音楽的能力を充分に備え，教育に対する高い志を抱いていたにもかかわらず，授業を成立させることができないため休職に追い込まれた教師を筆者は知っている。それほどまでではないにしろ，理想とする音楽科授業を展開できず，日々悩んでいる教師が増えてきたことは，過去の拙論で指摘した通りであるといえよう[1]。

　従来，このような教師は，学校の職員室で同僚に思いや悩みを打ち明け，相談することにより立ち直ることができた。しかしながら最近では，「職員室はどうやら新人も，中堅も，年配も思いや悩みをなかなか打ち明けられない場所になっている[2]」ようなのである。この指摘からも，新人教師あるいは新人期を過ぎた教師でさえ，音楽科授業をうまく展開できないといった悩みを一人で抱え込んでいる可能性が考えられるのである。

　また，音楽科授業の難しさについて緒方は次のように述べている。

「音楽科の授業は，他教科と比して，授業の成立という点において非常に脆弱な性質を有しています。」

「経験の浅い教師の場合には，自立しきれていない多数の子どもを抱えながら，全員いっせいに歌わせたり，聴かせたりすることは容易なことではありません。」

「さらに難しいことは，音楽科授業では和やかで豊かな音楽教室の雰囲気や学習活動も求められるので，教師が威圧的嫌悪的な手法だけによって短絡的に授業を営むことは極力避けなければなりません。」[3]

緒方の言葉と前述した教育現場の状況を総括すると，音楽科授業を展開することが近年ますます困難になっていることは自明の理である。このような現実を直視する時，音楽科において教師が様々な悩みや困難を克服して力量を高めていくことに主眼をおいた研究に着手することは，緊要な実践的課題であるといっても過言ではない。

第2節　研究の目的

本研究の目的は，以下の3点である。

第1に，小学校音楽科授業に表れる，新人教師と優秀な熟練教師の力量の差異を，教師の思考に着目し明らかにする。そのことを基盤として，音楽科授業における教師の力量形成の促進について検討する。

第2に，小学校音楽科における教師の成長過程を検討することで，養成期及び新人期の力量形成を促進するための理論を展開するとともに，優秀な熟練教師となるための力量形成の構造と要因を解明する。

第3に，①音楽科授業中の教師の力量を高めるプログラム，②音楽科に携わる教師としての発達・成長を促進させるプログラム，を提言する。

第3節　先行研究と本研究の意義

　本研究を進める上での切り口として，次の二つの観点を設定した。第1に「音楽科授業における教師の思考の観点」，第2に「音楽科における教師の成長過程の観点」である。
　これら二つの観点に着目したのは，次の理由からである。
　第1の観点に関しては，吉崎や佐藤・岩川・秋田の研究をはじめ，多くの先行研究が存在する。これらの研究によれば，授業中の教師の思考や認知が彼らの力量形成に大きく関与していることが指摘されている。このことについて佐藤は次のように述べている。

　　「教育実習生の授業を参観すると，『見える活動』においては次々とめまぐるしく複雑に動きまわっているが，『見えない活動』すなわち実践者の内面で展開される発見や選択や判断の思考においては，きわめて単純であることが珍しくない。それに対して，創造的な熟練教師の授業を観察すると，『見える活動』は動きが少なくて単純なようでも，教師の内面で遂行されている発見や選択や判断の思考という『見えない活動』が激しく複雑に展開しているのが一般的である[6]。」

　この言葉から，教師の力量形成研究において，見えない活動である教師の思考に焦点をあてる意義が確認できよう。
　音楽科においても，教師の思考に着目することの重要性を説く先行研究が散見できる。篠原[7]，八木[8]，菅[9]，山田[10]らの研究である。
　篠原は，西之園[11]や吉崎[12]の研究を援用し，プロ野球監督の例を示しながら音楽科授業場面における意思決定に関して論究している。その中で篠原は，「教師の力量形成につながる意思決定」と述べており[13]，意思決定への焦点化が力量形成研究に欠かせないことを主張している。八木も意思決定に関して研究してお

り，音楽科授業における教師の思考分析を試みている。菅は，ある一人の音楽科教師の授業を観察し，教師の授業観，指導観といった長きにわたって培われた授業に対する考え方に関する研究に取り組んでいる。山田は，教授行為の背後に潜む教師の思考を浮き彫りにすることの重要性を提唱し，音楽科授業における思考研究の方法論を提示している。[14]

　これらの研究は，前述の佐藤や吉崎らに代表されるような教師の思考研究に触発され[15]，その潮流に乗じ音楽科にも同様の観点を導入しようとしたものであると考えられる。それまでは，音楽のなかみや指導法に目が向きがちだった音楽科授業において，教師そのものに焦点をあてた点が画期的であったし，教師の思考と力量形成を関連づけた点にも意義を見いだすことができた。

　ただし，篠原や山田の研究は，実際の音楽科授業を記録して分析したものではなく，概念研究のレベルにとどまっている。また，八木の研究は，音楽科授業における教師の思考を実際に調査してはいるが，授業開始から終了までの50分間のうち意思決定場面に限定されている。また菅の研究も，教師の授業観，指導観といった大きな概念の抽出に特化されており，授業中刻々と変化する教師の思考に関する研究ではない。このように先行研究において，ある一つの音楽科授業の開始から終了までの全場面における教師の思考を全て拾い上げ，詳細に調査し検討した例は存在していないのが現状なのである。つまり，音楽科における教師の思考に関する研究は緒についたばかりであり，今後さらなる発展が待たれるのが現状といってよい。

　次に，第2の観点である音楽科における教師の成長過程に目を転じてみたい。近年わが国では，稲垣らの『教師のライフコース研究』[16]，山﨑らの「教師の力量形成に関する調査研究」[17]などに端を発し，教職経験に焦点をあてた研究が注目されるようになってきた。これらの研究は，ある教師の教職経験を詳細に振り返ることにより，教師としての力量形成に関して有益な情報を提供するといった手法のものが多く，その点に意義を認めることができる。[18]

　このような意義は，当然ながら音楽科教育においても同様に見いだすことができる。例えば権藤は，音楽科の立場から「自らの教職経験を振り返ることで

教師の成長の軌跡を確認する」研究の緊要性を指摘している[19]。ところが，このような意義の認められる研究であるにもかかわらず，これもまた音楽科においては今までほとんど取り組まれてこなかったのが現状なのである[20]。

数少ない先行例をあげるなら，古山・瀧川[21]，斎藤[22]の研究が確認できるのみである。古山・瀧川は，指導力を支える教師の価値体系がどのような影響によって変容しているのかに着目して研究を進めている。また，斎藤は自己の教職経験を振り返りながら中年期に遭遇した困難の経験を基に，教師の成長に関して論を展開している。

ただし，古山・瀧川の研究はある教師の教職経験が詳細に振り返られたものではない。また斎藤の研究は，一人の音楽科教師（本人）の自伝が語られてはいるものの，音楽科に哲学（現象学）的思考を導入する必要性を述べることが全稿の大半を占めており，これも教職経験の振り返りを中心とした研究とはなっていない。つまり，音楽科において教師の教職経験を詳細に振り返ることを主とした先行研究は，筆者の調査の限りにおいて存在しておらず，今後の積み上げが待たれるところなのである。

以上のように，本研究の切り口とする二つの観点に焦点をあてた力量形成研究は，学術的に意義が認められるものの，音楽科においては極めて先行例の少ないものであることを確認しておきたい。

このような実態の根拠として，八木は音楽科特有の問題点を次のように指摘している。

「（音楽科では）とくに，授業における教育内容や教材レベルの問題に焦点をあてて行われたもの（研究）が多い。この背後には，教育内容，教材の良し悪しが授業の成立を左右するという，音楽科に伝統的な授業観を見てとれる。」（括弧内筆者）[23]

八木の言葉を援用すれば，音楽科では教育内容あるいは教材となる音楽それ自体がおもしろく興味関心のまととなり，それを扱う教師自身が対象となるよ

うな研究がこれまで少なかったといった解釈も成り立つであろう。

　ここまで述べてきたことを総括すると，本稿で取り上げた二つの観点からの研究に着手することは，未開拓の領域に先鞭をつけるという点から意義ある取り組みであると考えられよう。

　とりわけ次の2点は，本研究の独自性としてあげることができると考えている。

　一つ目は，ある音楽科授業の開始から終了までの全場面に着目し，教師のその瞬間の思考を詳細に分析する点である。音楽科授業における教授行為と，その背後に潜在する思考の両者を併せて検討し，教師の力量を高めるためのプログラムを導くことも視野に入れておきたい。

　二つ目は，音楽科授業を行ってきた教師が，どのようにして力量を形成していくのかその過程を追う点である。教職経験の中でもとりわけ成長に拍車がかかる時期に着目し，教師の力量形成の構造と要因，あるいは教師教育の方向性を音楽科の特質を踏まえ論究する。

　以上の2点に本研究の独自性を認め，それらを中核に据えて取り組みを進めることとする。

第4節　研　究　方　法

　第1に，次の方法により音楽科における教師の力量形成に関する基礎理論を探究する。

　① 音楽科授業における教師の思考研究の基盤となる理論を検討し，思考モデルの構築と思考の調査方法を導く。
　② 音楽科における教師の成長を見極めるための基礎理論を検討し，力量形成過程を再生する方法を導く。

　第2に，次の方法により，小学校音楽科授業における教師の力量形成に関する事例研究を行う。

　① 音楽科授業における教師の教授行為と思考に関して，新人教師と優秀

な熟練教師の差異を数的・質的に比較検討する。
　②　上記①の結果を基盤として，音楽科授業中の教師の力量形成の促進について考察を行う。

第3に，次の方法により，小学校音楽科における教師の力量形成過程に関する事例研究を行う。
　①　新人教師の遭遇する困難とそれを乗り越える営みを調査することにより，新人期における力量形成の促進に関して論究する。
　②　優秀な熟練教師の音楽科授業から新人教師が何を得ようとしているのかを明らかにし，音楽科における教員養成教育の方向性を模索する。
　③　ライフヒストリー法を用いて優秀な熟練教師の教職経験を調査し，その個人史を再構成することにより，音楽科における教師の力量形成の構造と要因を究明する。

第4に，上記の第1〜第3で得られた示唆を基に以下を提言する。
　①　音楽科授業中の教師の力量を高めるプログラム
　②　音楽科に携わる教師としての発達・成長を促進させるプログラム

第5節　研究の構成と概説

本研究の構成と概説は，以下の通りである。

序章「研究の課題と方法」では，問題の所在，研究の目的，先行研究と本研究の意義，研究方法，研究の構成と概説，研究の基盤となる用語の概説を提示する。

これを踏まえ，以下のような3部構成の内容に終章を加えて論を展開する。

第Ⅰ部として，第1章〜第3章が設定されている。ここでは，音楽科における教師の力量形成に関する基礎理論を探究する。

第1章「『教師の力量形成』とは何か」では，本研究に取り組む導入の作業

として，教師の力量形成の本質的な意味と概念の整理を試みる。力量形成という言葉を，「力量」と「形成」に分解してそれぞれの意味を解釈し定義やモデルを提示する。次に，その定義やモデルに関連する先行研究を調査し，本研究の基盤となる理論を導く。

第2章「音楽科授業における教師の思考探究の基礎理論」では，ショーンのいう反省的実践家に関する理論的枠組みを，音楽科授業と関連づけながら解釈する。また，その枠組みに基づいて音楽科授業における教師の思考を構造化する。さらには，関連する他の理論も援用し，音楽科授業における教師の思考を調査する方法論を導き出す。

第3章「音楽科における教職経験探究の基礎理論」では，教師の成長や発達に焦点をあて，教師のライフコースに関する基礎理論を構築する。教師のライフコースとライフステージの関係とその構造，及び教師のライフステージに関する様々な捉え方とその実態を明らかにする。また，どのライフステージに注目して本研究を進めるのか，その方向性を論じるとともに，長きにわたる教職経験を振り返るための方法論を検討する。

第Ⅱ部は第4章〜第6章で構成され，音楽科授業に表れる教師の力量に関する事例研究を中心として論を展開する。

第4章「音楽科授業における教授行為」では，まず音楽科授業で見られる教授行為を，その特徴から分類して提示する。事例調査を基に，音楽科授業における新人教師と優秀な熟練教師の教授行為の差異について考察する。さらには，教授行為の視点から音楽科授業における教師の力量形成への示唆を提示する。

第5章「音楽科授業における教師の思考様式(1)——『状況把握』としての思考」では，音楽科授業における教師の状況把握としての思考について，新人教師と優秀な熟練教師を比較する。調査結果から，新人教師と熟練教師における状況把握としての思考の差異を明らかにする。このことを基盤として，熟練教師の状況把握の実態から得られた示唆を提示する。

第6章「音楽科授業における教師の思考様式(2)——『判断』『選択』として

序　章　研究の課題と方法

の思考」では，音楽科授業における教師の「判断としての思考」，「（教授行為の）選択としての思考」に焦点をあてる。調査方法，調査対象は第5章と全く同じである。まず，新人教師と優秀な熟練教師の判断としての思考の差異に関して論究する。次に，新人教師と熟練教師における（教授行為の）選択としての思考の差異について，思考の完結の側面も視野に入れながら検討する。これらを踏まえて，熟練教師の判断・教授行為の選択の特徴に基づき，音楽科授業における教師の力量形成に関して考察する。

　第Ⅲ部は第7章〜第9章で構成され，音楽科における教師の力量形成過程に関する事例研究を中心として論を展開する。
　第7章「音楽科における新人教師の力量形成過程」では，教師のライフステージの中で，新人期に焦点をあて，①音楽科授業において新人教師はどのような困難に遭遇するのか，②遭遇した困難に対しどのように立ち向かい力量形成していくのか，という2点について，事例調査を通して明らかにしていく。その結果を基盤として，音楽科における新人教師教育について検討する。
　第8章「新人教師の着眼点に見る音楽科教員養成の方向性」では，新人教師は熟練教師の音楽科授業の「何」に着目し，「何」を得ようとしているのかについて調査することにより，彼らが教壇で「何」を必要としているのかという実態への接近を試みる。また，それを手がかりとして，音楽科における教員養成教育の方向性を模索する。
　第9章「音楽科における熟練教師の力量形成過程」では，長年にわたり小学校で音楽科授業を行ってきた一人の優秀な熟練教師に焦点をあて，教職経験の振り返りを通した個人史を再構成し，力量形成の構造と要因を音楽科の特質を踏まえ考察する。まず，ライフヒストリー法を用いた研究の方法を提示し，A教諭の教職経験の再構成を試みる。次に，A教諭の教職経験に基づいて，音楽科における教師の力量形成の構造と要因を検討する。さらには，A教諭の事例から浮かび上がった学校音楽文化の重要性に関して，別の事例を提示しながら論究する。

終章「研究の総括と今後の課題」では，各章の研究成果を基盤として，音楽科における教師の力量形成を促進するための提言を実践的な視点から行う。さらには，研究対象，及び研究成果に立脚した提言の実践の2側面から，今後の課題を整理し提示する。

第6節　研究の基盤となる用語の概説

①「教師の力量」
　藤原は，教師の力量を次のように定義している。

> 「教師の力量という概念を，資質能力と職能・専門性の中間に位置し，教育活動のための専門的な知識や技術と，そうした活動のよりよい遂行を志向した構えや態度を意味する概念と定義しておきたい。[24]」

　本研究では，基本的にこの定義に従うこととするが，第1章でさらに詳細に論じる。

②「教師の思考」
　教師の内面に生起する状況把握や判断，教授行為の選択といった営為のことである。本研究では，音楽科授業中における教師の思考に焦点をあてることとし，第2章でその理論的枠組みを探究する。

③「教師のライフコース」と「教師のライフステージ」
　教師のライフコースとは，就職してから退職までの期間だけではなく，教師の生涯期間における人生の軌跡を示していると捉える。ライフコースの中には，教師それぞれに見られる特徴的な固有の段階（時期）が存在する。この段階（時期）のことをライフステージと呼ぶこととする。本研究ではライフステージの中でも，とりわけ成長に拍車のかかる段階（時期）に焦点をあて論を展開

する。詳細は，第3章で述べる。

④「ライフヒストリー」

　ある人間の個人史を再構成した物語的記録のことである。インフォーマントとなる人物にインタビューすることによって個人史を振り返る。インフォーマント自身の解釈による自己の人生の語りを基盤に，そこに聞き手なりの解釈・意味付与をしたものがライフヒストリーである。第3章では，この方法論について多様な見地から検討する。

註
1)　高見仁志（2008）「新人教師は熟練教師の音楽科授業の『何』を観ているのか──小学校教員養成への提言」『音楽教育実践ジャーナル』5(2)，日本音楽教育学会，p.63。
2)　村山士郎・氏岡真弓（2005）『失敗だらけの新人教師』大月書店，p.11。
3)　緒方満（2009）「小学校音楽科教師からの幼児音楽教育への提言──音楽科教育の現状と課題を交えて」『幼児の音楽教育法──美しい歌声をめざして』ふくろう出版，p.105。
4)　吉崎静夫（1989）「授業研究と教師教育(2)──教師の意思決定研究からの示唆」『鳴門教育大学研究紀要』教育科学編，4，pp.341-356。
5)　佐藤学・岩川直樹・秋田喜代美（1990）「教師の実践的思考様式に関する研究(1)──熟練教師と初任者教師のモニタリングの比較を中心に」『東京大学教育学部紀要』30，pp.177-198。
6)　稲垣忠彦・佐藤学（1996）『授業研究入門』岩波書店，p.101。
7)　篠原秀夫（1992）「音楽科教師の力量形成に関する一考察──意思決定を中心に」『北海道教育大学紀要』43(1)，pp.333-344。
8)　八木正一（1991）「音楽の授業における教師の意思決定に関する一考察」『埼玉大学紀要〔教育学部〕』40(1)，pp.43-52。
9)　菅裕（2000）「音楽教師の信念に関する研究──福島大学附属小学校における参与観察とインタビューをとおして」『日本教科教育学会誌』22(4)，日本教科教育学会，pp.65-74。
10)　山田潤次（2000）「音楽科における授業研究の意義と方法」日本音楽教育学会編『音楽教育学研究2《音楽教育の実践研究》』音楽之友社，pp.266-275。

11) 西之園晴夫（1981）『授業の過程（教育学大全集第30巻）』第一法規。
12) 吉崎静夫（1983）「授業実施過程における教師の意思決定」『日本教育工学雑誌』8，pp. 61-70。
13) 篠原，前掲書，p. 339，註7参照。
14) 教授行為に関して，藤岡は次のように定義している。
「発問，指示，説明から始まって，教具の提示や子どもの討論の組織におよぶ，現実に子どもと向き合う場面での教師の子どもに対する多様な働きかけとその組み合せのことである。」以下参照。
藤岡信勝（1987）「教材を見直す」『岩波講座　教育の方法3　子どもと授業』岩波書店，pp. 178-179。
15) 山田の研究（2000）は，以下に示した宇佐美の先行研究等もバックグラウンドとしている。
宇佐美寛（1978）『授業にとって「理論」とは何か（明治図書選書7）』明治図書。
16) 稲垣忠彦・寺崎昌男・松平信久他（1988）『教師のライフコース研究――昭和史を教師として生きて』東京大学出版会。
17) 山﨑準二・小森麻知子・紅林伸幸・河村利和（1990）「教師の力量形成に関する調査研究――静岡大学教育学部の8つの卒業コーホートを同一対象とした1984年調査及び1989年追跡調査の結果の比較分析報告」『静岡大学教育学部研究報告人文・社会科学篇』41，pp. 223-252。
18) 髙井良は，グッドソン（I. Goodson）やサイクス（P. Sikes）らの提唱する教職経験の振り返りに関する研究について，その意義を次のように述べている。
「教師の経験世界をストーリーという形式で再構成し，それを他の教師が自らの経験世界に重ね合わせることにより，新たなストーリーを生み出すという循環性をもっており，教育研究における一つの可能性を示しているということができる」。
この言葉に関しては，以下参照。
髙井良健一（1994）「教職生活における中年期の危機――ライフヒストリー法を中心に」『東京大学教育学部紀要』34，p. 326。
グッドソンらの提唱する教職経験の振り返りに関しては，以下参照。
Goodson, I. F. ed. (1992) *Studying Teacher's Lives*, Routledge.
19) 権藤敦子（2005）「実践者と研究者を結ぶ鍵――ポートフォリオと自分史」『音楽教育実践ジャーナル』3(1)，日本音楽教育学会，pp. 80-81。
20) 以下の論文を参照。
高見仁志（2010）「音楽科における教師の力量形成研究の諸相」『湊川短期大学紀

要』46，pp. 27-37。
21)　古山典子・瀧川淳（2008）「音楽科教師の価値体系の形成について(1)」『日本音楽教育学会第39回大会プログラム』p. 78。
22)　斎藤隆（2008）「現場の音楽科教師に哲学は必要か――音楽の授業に潜む呪縛の本質」『音楽教育実践ジャーナル』5(2)，日本音楽教育学会，pp. 39-49。
23)　八木，前掲書，p. 43，註8参照。
24)　藤原顕（2007）「現代教師論の論点――学校教師の自立的な力量形成を中心に」グループ・ディダクティカ編『学びのための教師論』勁草書房，pp. 8-9。

第Ⅰ部

音楽科における教師の力量形成に関する基礎理論の探究

第1章
「教師の力量形成」とは何か

　近年，教師の力量形成という言葉が，文部科学省，教育委員会，大学等において多用されていることは周知の事実であろう。教育現場における様々な困難に立ち向かうには教師の力を高めることが最善策であるとする時代の趨勢に従えば，当然の現象であるといえよう。しかしながら，この教師の力量形成という用語は，教師の成長，職能や専門性の発達，教師発達，等の言葉で表現されることも多く，特にその意味を明確にしないまま用いられていることが指摘されている[1]。

　本研究では，そのタイトルが示すように，教師の力量形成という言葉を使用するが，前述の指摘から考えると，最初にその概念を整理し意味を解釈する必要があると考えられる。

　そこで第1章では，本研究に取り組む導入の作業として，教師の力量形成の本質的な意味を探究し概念の整理を試みる。力量形成という言葉を，「力量」と「形成」に分解してそれぞれの意味を解釈し定義やモデルを提示する。次にその定義やモデルに関連する先行研究を調査し，本研究の基盤となる理論（第2，3章で述べる）を導く。

　本章の展開として第1節では，教師の力量について先行研究を複合的に検討した上で定義づけを試みる。第2節では，先行研究から音楽科における教師の力量モデルを提示し，思考研究との関連について考察する。第3節では「形成」について検討することによって，教師の発達・成長の観点から力量形成を意味づけ，本研究の基盤となる関連研究を探る。

第1章 「教師の力量形成」とは何か

第1節　教師の「力量」とは

　教師の「力量」という言葉を耳にして久しい。田中によれば，教師の力量という言葉は，「70年代に使われた『教師の職能』，80年代に使われた『教員の資質・能力』という用語にかわって，90年代に使われるようになった[2]」という。似た傾向の言葉として，「教師力[3]」「実践的力量[4]」なども確認できるが，いずれも教師としての力を指し示していることは理解できるものの，具体的な像を思い描くことが難しい。そこで，教師の力量を端的に表した小山と藤原の論に注目することとする。

　わが国に教師研究が台頭してきた頃，小山は教師の力量を「指導技術的な側面と人間の資質的な側面の両面」と定義し[5]た。小山の定義を解釈しつつ，さらなる定義を試みたのが藤原である。藤原は次のように述べている。

　　「ただし，この場合の『資質的な側面』とは『教職の職務場面で主に要求される［教育的資質］（狭義のパーソナリティ）に限定して』捉えられるべきものである。」
　　「これに対して，資質能力は，（略）教育行政の政策用語として用いられることが多く，そこには例えば『総合的な人間力』（括弧内省略）といった内容も含まれえる。[6]」

　つまり藤原は，資質能力とは「教職の職務場面で主に要求される［教育的資質］（狭義のパーソナリティ）」だけでなく，例えば『総合的な人間力』といった極めて広範な人間としての素地等も含まれる，と説明しているのである。
　最終的に藤原は，「職能や専門性は，力量よりは概念的に狭く，主として『職務遂行能力』や『指導技術的な側面』を意味し，そこには狭義であれ『資質的な側面』は含まれにくい」という小山の理論を援用し，教師の力量を次のように定義した。

「教師の力量という概念を，資質能力と職能・専門性の中間に位置し，教育活動のための専門的な知識や技術と，そうした活動のよりよい遂行を志向した構えや態度を意味する概念と定義しておきたい。」[7]

本稿では，藤原の定義に従い教師の力量を捉えることとする。藤原の定義は，本章の冒頭で述べた「具体的な教師像を思い描けない」状態を回避する説明となっており，教師の力量の全体像を浮かび上がらせることに成功しているといってよいであろう。

次節では，この定義を通して，音楽科における教師の力量について検討していくこととする。

第2節　音楽科における教師の力量

音楽科における教師の力量に関して，篠原の研究[8]に注目してみたい。篠原は，安彦の理論[9]をベースに音楽科における教師の力量モデルを提示した（図1-1参照）。

図1-1の最下部にある「児童・生徒への愛情」「情熱と意欲」「絶えざる研究心」は，前述した藤原の定義の「活動のよりよい遂行を志向した構えや態度を意味する概念」と符号し，教科・領域を超えて全ての教育活動の基盤あるいは根底になるものと考えられよう。

中間部の4項目について，篠原の論を解釈すると次のようになる。

① 音楽に対する姿勢，態度

　これは，最下部にあることがらに関わるものでもある。感受性にとんだ美意識，常に美しい音楽を追究していこうとする意欲，音楽を味わい感動する心等，音楽科教師の音楽に対する構えを意味している。

② 音楽的な力量

　これに関して基準を設けることは難しいが，教師の意図する範唱ができるくらいの歌唱技能，また教師の意図する範奏・伴奏ができるくらいの演

第1章 「教師の力量形成」とは何か

```
┌─────────┐    ┌──────────────┐    ┌─────────┐
│ 計画的・ │    │授業を構成していく力│    │ 即時的  │
│ 長期的   │────│教授行為を組織していく力│────│ 意思決定 │
│ 意思決定 │    │              │    │         │
└─────────┘    └──────┬───────┘    └─────────┘
                      │
    ┌──────┬──────────┼──────────┬──────┐
 ┌──┴──┐┌──┴──┐   ┌──┴──┐   ┌──┴──┐
 │音楽に対する││音楽的な│   │子どもに対│   │教育内容・│
 │姿勢，態度 ││力量   │   │する対応能力│  │教材に対する│
 │         ││      │   │          │   │能力     │
 └─────┘└─────┘   └─────┘   └─────┘
    └──────┴──────┬───┴──────┬──────┘
          ┌───────┴──────────┴───────┐
          │児童・生徒への愛情　情熱と意欲　絶えざる研究心│
          └─────────────────────────┘
```

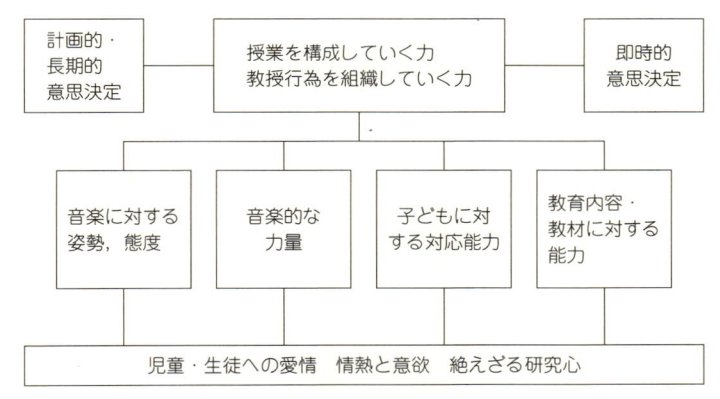

図1-1　音楽科教師の力量モデル

奏技能は，最低限必要である。また，創作の技能や読譜・記譜の能力も必要なものといえる。

③　子どもに対する対応能力

　これは，一人ひとり違う児童・生徒の固有の考え方や能力を把握し，それを踏まえ，授業の中で指導のねらいに対照させながら，児童・生徒に対応していく力のことである。また，学年ごとの児童・生徒の発達に見あう対応力も必要である。

④　教育内容・教材に対する能力

　これは，学年の発達段階を踏まえ適切な教育内容を設定し，それにふさわしい教材を選択したり構成したりする力，また教材を分析し適切なポイントを見つけたりそれを選別したりする力，等である。

　上記の①～④は，藤原の定義の「教育活動のための専門的な知識や技術」と同義であると解することができよう（①については，藤原の定義の「活動のよりよい遂行を志向した構えや態度を意味する概念」にも重なっている）。このように，藤原の定義と篠原のモデルは，教師の力量を基本的に同じ立場から捉え論じていることが理解できる。

　ただし篠原の理論の場合，さらに上部に項目が設定されている。意思決定の視点を交えた「授業を構成していく力」と「教授行為を組織していく力」であ

る。この二つの力は、その下に示された教師の力量が結集して表出したものと解釈することができよう。このことに関して、篠原は次のように述べている。

「これらの力量は、教師の意思決定場面に凝縮した形であらわれるのである。」[10]

　意思決定とは、当然ながら教師の思考であるため、上記の一節は「これらの力量は教師の思考場面に凝縮した形で表れる」というように読み替えることができるであろう。このことは本研究に対して重要な示唆を与えている。すなわち、授業中の教師の思考を手がかりにすれば、彼らの力量を解明することが可能となるのではないか、といった研究ストラテジーが浮かび上がってくるのである。
　この見解は、授業中の教師の思考や認知が彼らの力量形成に大きく関与しているとした多くの指摘からも導くことができよう。このような指摘を含んだ重要な先行例として、教師の思考研究の中核的存在である佐藤らが1990年代に発表した二つの研究をあげることができる[11]。この二つの研究では、創造的な熟練教師と新人教師の授業のモニタリングを比較し、熟練教師の保有している実践的知識の特質と、それを基盤として展開される実践的な思考様式の性格の解明を試みている。これらの研究の結果から佐藤は、「実践的思考様式が教師の専門的力量の中枢をなすもの」と主張したのである[12]。
　この佐藤らの研究では、明らかに力量に差がある新人教師と優秀な熟練教師を選定し、彼らの授業中における思考を抽出し比較するといった手法がとられている。結果として、両者の間に思考に関する差異が明確に表れ、佐藤らはこの思考の差異こそが力量の差異であるとの立場から、新人教師が優秀な熟練教師として力量形成していくための方向性を提示したのである。本研究でも、この方法を援用し、新人教師と優秀な熟練教師の授業中の思考を比較することによって、力量形成を促進させるための研究に取り組むこととしたい。ただし、佐藤らの研究では、他人の授業をモニタリングすることで教師の実践的思考を

抽出しているが，本研究では，実際に本人が行った授業を対象にしてその場面における思考を抽出することとする。

　この佐藤らの研究のバックグラウンドになっているのは，ショーン（D. Schön）の「反省的実践家（reflective practitioner）」理論である[13]。ショーンは，教師を含めた専門職に「反省的実践家」としての力量形成が不可欠であることを主張した。ショーンの研究は，1980年代よりアメリカの教師教育に多大な影響を及ぼし，わが国においてもこの理論を掲載した著書が，専門家養成機関において必読の書になりつつあるといった報告もなされるほど[14]，その研究的価値を評価されている。

　以上のことを踏まえ本研究では，ショーンの研究に着目してその理論的枠組みを解釈し，関連する研究から導かれた思考抽出法を援用しながら取り組みを進める。このことについては，第2章に詳しく述べる。

第3節　「形成」が意味する教師の成長と発達

　第1，2節では教師の力量形成の「力量」に注目し論を展開したが，本節では「形成」に焦点をあてて考察を進めていくこととする。
　教師の力量形成で用いる「形成」とは，広義には「形づくること」[15]を意味する言葉である。また，英語では教師の力量形成のことを「teacher development」「development of teacher's competence」等，development という言葉を使って表現することも少なくない[16]。これらのことから考えて，教師の力量形成で用いる「形成」とは「（教師としての力量が）形づくられ，成長や発達（development）していくこと」と捉えてよいであろう。
　ここで注目すべきは，この成長や発達には時間の経過が必要となってくるという点である。すなわち，教師の力量形成について「形成」の観点から研究するには，その教師の人生における経過した時間を辿ることの重要性に気づかされるのである。
　このことに関連し，教師の成長あるいは発達という視点から教師の力量形成

第Ⅰ部　音楽科における教師の力量形成に関する基礎理論の探究

を研究した藤岡は，次のように述べている。

「長い間わが国の教師をめぐる議論は，一方における理念的教師論，他方における人材的教師論という二極化構造を有していた。すなわち教師はかくあるべきといった理想化された教師論，思い出の中の教師が語られる一方で，教師の教える力をどうつけるか，そのための養成・訓練をどう行うかといったハウ・ツーに焦点をあてた議論がさかんに行われてきたのである。どちらの議論にも欠けているのは『学習する人』『成長・発達していく人』としての教師である。」

「この『失われていた環』，教師が一個の具体的な人間としてすなわち職業人としても人間としても成長・発達するということはどういうことかを考える（ことが必要である）。」（括弧内筆者）[17]

　藤岡と同様の理論に基づき，長きにわたる教職経験に焦点をあてた力量形成研究は，特に1990年代の後半から盛んになり始める。その中でも，わが国において教師の成長・発達研究の重要な一角を担う山﨑と高井良の研究に注目したい。
　山﨑が取り組んだ教師のライフコース研究[18]は，多数の教師の一生を追う事例研究である。聞き取り調査と質問紙調査による膨大な量のデータを分析しており，多くの研究者に影響を与えるものとなっている。一方，高井良は，教職経験の振り返り研究を広めることに尽力し，彼の理論もまた後続の研究に大きな示唆を与えることとなった。[19]
　両者の研究はいずれも，教職経験を振り返りそれを再構成するといった手法で行われている。山﨑は約1400名の小・中学校の教師を対象として数的にも信頼度の高い研究結果を得ているし，高井良は人数の限定はあるものの，一人の教師の人生を詳細に分析している。さらにいえば，両者は，1980年代に欧米において出現し，1990年代に入ってから興隆を見せてきた「教師のライフヒストリー」[20]の方法論を，研究の指針として導入していることも見逃してはならない

であろう。以上のような点から，二人の研究は国内外でも高い評価を受け，教師の成長・発達の軌跡を辿る研究分野において，重要な位置づけがなされているのである。

　これらのことを踏まえ本研究では，山﨑や高井良の理論を詳解し取り組みを進めていくこととする。また，彼らの研究のバックグラウンドとなったグッドソン（I. Goodson）やサイクス（P. Sikes）らの方法論も援用しながら，教師の力量形成過程を探究する。これらの理論は，本研究の基盤となるものであるため，第３章で詳しく述べる。

註
1) 藤原顕（2007）「現代教師論の論点──学校教師の自立的な力量形成を中心に」グループ・ディダクティカ編『学びのための教師論』勁草書房，p.8。
2) 田中智志（1996）「教育学基礎用語200字解説」『AERA Mook 教育学がわかる』朝日新聞社，p.171。
3) 「教師力」に関しては，以下の論文等を参照。
　　無藤隆（2009）「新教育課程で求める教師力(1)習得とは何か」『現代教育科学』631，pp.111-115。
4) 「実践的力量」に関しては，以下の論文等を参照。
　　澤本和子（1996）「教師の実践的力量形成を支援する授業リフレクション研究　その１　授業研究演習システムの開発」『教育実践学研究』3，pp.3-11。
5) 小山悦司（1986）「力量の概念」岸本幸次郎・久高善幸編『教師の力量形成』ぎょうせい，pp.32-37。
6) 藤原，前掲書，p.8，註１参照。
7) 同上，pp.8-9。
8) 篠原秀夫（1992）「音楽科教師の力量形成に関する一考察──意思決定を中心に」『北海道教育大学紀要』43(1)，pp.333-344。
9) 安彦忠彦(1983)『現代授業論双書41　現代授業研究の批判と展望』明治図書，p.74。
10) 篠原，前掲書，pp.336-337，註８参照。
11) 佐藤らによる教師の実践的思考研究は，次の２本の論文に代表される。
　　佐藤学・岩川直樹・秋田喜代美（1990）「教師の実践的思考様式に関する研究(1)──熟練教師と初任者教師のモニタリングの比較を中心に」『東京大学教育学部紀

要』30，pp. 177-198。

佐藤学・岩川直樹・秋田喜代美・吉村敏之（1991）「教師の実践的思考様式に関する研究(2)——思考過程の質的検討を中心に」『東京大学教育学部紀要』31，pp. 183-200。

12) 稲垣忠彦・佐藤学（1996）『授業研究入門』岩波書店，p. 112。
13) Donald Schön (1983) *The Reflective Practitioner: How Professionals Think in Action*, Basic Books.（D. ショーン著，佐藤学・秋田喜代美訳（2001）『専門家の知恵——反省的実践家は行為しながら考える』ゆみる出版。）
14) 同上，ショーン，佐藤学・秋田喜代美訳，p. 229。
15) 新村出編(1998)『広辞苑　第5版』岩波書店。
16) 例えば，以下の論文のサマリー等を参照のこと。

中野和光（2004）「カリキュラム・リーダーシップと教師の力量形成——イングリッシュ Fenwick W. English のカリキュラム経営論を中心にして」広島大学大学院教育学研究科紀要，第3部，53，pp. 45-51。

17) 藤岡完治（1998）「プロローグ　成長する教師」浅田匡・生田孝至・藤岡完治編『成長する教師　教師学への誘い』金子書房，p. 1。
18) 山﨑準二（2002）『教師のライフコース研究』創風社。
19) 序章でも示したように高井良は，グッドソン（I. Goodson），サイクス（P. Sikes）らが提唱する教職経験の振り返りに関する研究について，その意義を次のように述べている。

「教師の経験世界をストーリーという形式で再構成し，それを他の教師が自らの経験世界に重ね合わせることにより，新たなストーリーを生み出すという循環性をもっており，教育研究における一つの可能性を示しているということができる。」

20) 以下の研究を参照のこと。

・Elder, G. H. (1978) "Family History and The Life Course," in T. K. Hareven ed., *Transitions: The Family and the Life Course in Historical Perspective*, Academic Press.

・Huberman, M. (1989) "The Professional Life Cycle of Teachers," *Teachers college Record*, 91(1).

第2章
音楽科授業における教師の思考探究の基礎理論

　第2章では,「反省的実践家（reflective practitioner）[1]」理論に着目し,音楽科授業における教師の思考研究の基盤となる理論を構築する。反省的実践家理論とは,ショーン（D. Schön）によって提唱されたもので,佐藤は次のように概観している。

　　「『反省的実践』は,経験によって培った暗黙知を駆使して問題を省察し,状況と対話しつつ反省的思考（デューイ）を展開して複雑な状況に生起する複合的な問題の解決にクライエント（顧客）と連帯して取り組む。[2]」

　反省的実践家理論は,専門家の概念を見直すことにより,それを養成教育あるいは現職教育に適用させることができる,といった可能性を内包している点に価値を見い出すことができよう。第1章でも述べたように,この理論はアメリカの教師教育に多大な影響を及ぼし,わが国でもショーンの理論を掲載した著書が,専門家養成機関において必読の書になりつつあるといった報告もなされているほどである[3]。しかしながら,わが国の音楽科教育の世界に限っていえば,瀧川[4]や坂本[5]の研究以外には反省的実践家に直接関連する先行例を見ることができず,他の分野及び領域とは異なる実態を呈している。つまり,わが国の音楽科における教師の力量形成研究において,反省的実践家理論に関連する取り組みは緒についたばかりであるといえるのである。音楽科においても,この理論に関する研究の蓄積が待たれるところである。
　そこで第1節では,ショーンのいう反省的実践家に関する理論的枠組みを音

楽科授業と関連づけながら解釈する。この作業は,『専門家の知恵――反省的実践家は行為しながら考える[6]』を詳解することによって行う。第2節では,その理論に基づいて音楽科授業における教師の思考の構造を探究する。第3節では,関連する他の理論も援用し,音楽科授業における教師の思考を調査する方法論を導き出す。

第1節　ショーンによる「反省的実践家」理論

(1)　専門家像のパラダイム転換

　ショーンは「技術的熟達者（technical expert）」から反省的実践家へと専門家の概念を転換させる見識を示しており,これが彼の理論の原点となっている。

　技術的熟達者とは,実証主義の実践的認識論を原理とし「技術的合理性（technical rationality）」を基盤とした専門家のことである。技術的合理性の立場では,科学的な理論と技術を厳密に適用する道具的な問題解決が専門家の活動モデルとされているが,一方でそれは次第に限界を感じられるようになった。ショーンは次のように述べている。

> 「『技術的合理性』の視点から見ると,専門家の実践は問題の『解決』（solving）の過程である。選択や決定という問題は,すでに確立された目的にとって最適な手段を利用可能なものの中から選択することによって解決される。しかし,この問題解決をいくら強調しても,問題の『設定』（setting）は無視されている。手段の選択,達成する目的,意思決定という問題を設定する過程が無視されているのである。[7]」

　この言葉にある,手段の選択や意思決定の無視は,専門家の職務遂行にとって大きなマイナス要因であると考えられよう。それは音楽科授業をする教師にとっても同様である。なぜなら,授業中に生起する微妙な音高のズレ,子どもの表情の変化等といった複雑な要素が絡み合う眼前の状況を,瞬間的に把握し

問題を設定するという意思決定こそが指導の根源となるからである。つまり，的確な状況把握を基盤とした問題設定を欠いたような指導は，その場面に即応していない，いわば必然性の乏しい営為であるといっても過言ではないであろう。このことに関して，ショーンは次のように結論づけている。

> 「次第に我々は，複雑性，不確実性，不安定さ，独自性，価値葛藤という現象を抱える現実の実践の重要性に気づいてきたのである。それらは，『技術的合理性』のモデルに適合しないものである。」[8]

このような複雑な状況下において行われる専門家の実践には，次のような視点が不可欠となるであろう。さらにショーンの言葉を引く。

> 「私たちは問題を設定する時，状況の中の『ことがら』として取り上げるものを選び，注意を向ける境界を定め，何が誤っているのか，状況をどの方向に変えることが必要かを言及できるよう，その問題に一貫性を与えている。」[9]

このようにショーンは，技術的合理性を基盤とした技術的熟達者としての専門家像からの脱却を強調した。そのような像を求める代わりとして，直感的な過程において暗黙のうちに作用している実践的認識論，つまり，不確実で不安定で独自的で価値葛藤を強いられるような状況下において，有効に機能する知を追及することを提唱したのである。これは，技術的熟達者から反省的実践家へといった，専門家像のパラダイム転換であったと理解してよいであろう。

（2） 行為の中の知：暗黙のうちに働く知

我々は日常的に，とくに意識をしないで何らかの行動をしていることも多い。この行動は暗黙のうちに行われており，そのような営みの中に存在するものが，「行為の中の知（knowing in action）」である。ショーンの言葉を整理すると，

「行為の中の知」という理論を支える大きな柱として，次の3点が浮かび上がってくる。

①「無意識的に行う方法を知っている行為や認知や判断がある。すなわち行為の遂行に先行して，あるいはその間にその行為，認知，判断について考える必要はない。」[10]

②「私たちはこれらの行為や認知，判断を学習していることに気づかないことが多い。それらを行っていることに単に気づくだけだ。」[11]

③「行為の素材（stuff）の感じに順に内化されていく理解に気づくこともある。また，全く気づかないこともある。どちらの場合でも，行為が表す知を記述することは通常できない。」[12]

以上の3点からショーンは，行為の中に存在する知について指摘し，無自覚のうちに機能する暗黙性を伴うことを強調していることが理解できる。この暗黙性を伴う知は，音楽科授業でいうなら，「瞬間的な音の判断」「表情豊かにイメージを体現する指揮」等，枚挙にいとまがないほど例示することができよう。多数の非言語的情報を媒介として授業が進む音楽科において，暗黙性を伴う知を機能させることの必要性には，教科の特質上多くの教師が経験的に気づいていることであろう。

（3）　行為の中の省察：ジャズ・ミュージシャンの思考を例に

前節に示した行為の中の知を常識として認めるなら，行為していることがらに関して思考することがあることも認めることになるといえよう。つまり，行為していることに関して思考するだけでなく，行為しながら行っていることについて思考することができることを意味している。この考え方が基盤となって，「行為の中の省察（reflection in action）」は論じられる。ショーンはジャズ・ミュージシャンの例をあげながら，行為の中の省察を次のように説明する。

「集団で作り上げている音楽に対して，個人が寄与できる音楽について行為の中で省察している。そして自分が今していることをその過程で考え，

自分のやり方を変化させていく。」[13)]

　この一節から，行為の中の省察とは，ジャズ・ミュージシャンが即興で演奏する時のように，自分の聴いている音（メンバーが出している音）を感じ取り，それに対して自分の演奏を調整（思考）し，音を創出することと同意であるという解釈が成り立つであろう。
　ショーンは，ジャズ・ミュージシャンの例をさらに説明する。

「もちろん，言語を媒体として行為の中で省察していると仮定する必要はない。」
「"音の感じ"を通して省察する，というのがふさわしい。[14)]」

　このことから，行為の中の省察とは必ずしも言語的な営みではなく，"音の感じ"といったような感覚的で直感的な，いわばノンバーバルな性格をも具備していることが理解できる。この点は，ノンバーバルなコミュニケーションを主体とする音楽科授業にとって，極めて重要な示唆を与えているといえよう。
　このように行為の中の省察は，状況との対話として言語的あるいは非言語的に遂行される活動中の思考であるが，実践後に出来事の意味を振り返る「行為の後の省察（reflection after action）」及び，実践の事実を対象化して検討することを目的とする「行為についての省察（reflection on action）」も存在している。行為の後の省察や行為についての省察も，大きく分類すれば行為の中の省察に包括されると解釈することもでき，訳者である佐藤もその立場をとっている。[15)]

（4）　授業中の「出来事」との対話

　ショーンは行為の中の省察を様々な専門家の事例を通して説明しているが，その中には教師に関するものも存在する。ショーンは教師の事例を説明するため，マサチューセッツ工科大学での現職教師教育プロジェクトにおける次のようなエピソードをあげている。

第Ⅰ部　音楽科における教師の力量形成に関する基礎理論の探究

　　　二人の男の子が簡単なゲームに取り組んでいるビデオテープを，教師たち
　　が観察し発言するよう求められた事例である。二人の子どもは机について
　　座り，透明なスクリーンで各々区切られて分かれていた。一人の子どもの
　　前にいろいろな色，形，大きさのブロックが，あるパターンで並べられて
　　いる。もう一方の子どもの前には，同じようなブロックが特別の秩序はな
　　く机の上におかれている。1番目の子どもが，2番目の子どもに自分のパ
　　ターンを再現する方法を告げようとする。しかし，最初のわずかな教示の
　　後に，2番目の子どもが誤った。このビデオに対する最初の反応で教師た
　　ちは，受け手のミスを指摘した。しかし，事実は違っており，1番目の子
　　どもが間違って教示し，2番目の子どもはそれに従っていたのである。再
　　度ビデオを視聴し，教師たちは状況に対する自分たちの見方を修正した。
　　彼らは，2番目の子どもの行動理由を理解することができた。教師たちは，
　　彼の行動に理を与えたのである。このプロジェクトでは，教師たちが子ど
　　もの困惑した行動の意味を発見しようと自分自身に挑むことが増え，「子
　　どもに理を与えること」をしばしば口にするようになったのである。
　　　　　　　　　　　　　　　　　　　　　　　　　　　　（筆者要約）[16]

　ショーンはこの事例を取り上げることによって，教師による状況把握や判断
の重要性を指摘しているといえよう。このことを音楽科授業で例示するなら，
適切でない音を子どもが出しているのは実は教師自らの指揮に原因があるので
はないかといったような認知，すなわち変化する子どもの演奏，あるいは音に
関する発言等の本質を見極める（聴き分ける）こと等があげられよう。マサチ
ューセッツ工科大学の事例は，そういった授業中に生起する様々な出来事と対
話することの重要性を強調していると考えられるのである。とりわけ注目すべ
きは，上記エピソードの「理を与える」という一節，つまり状況把握すると同
時に子どもたちの行動に意味付与する点である。この思考は教師の鋭い洞察力
に依拠しており，不安定で不確かな状況を省察する一瞬の判断能力がその鍵を
握っているといってもよいであろう。さらに重要な点は，この状況把握や判断

が，その後に表出するであろう教師の行為の基盤となっていることである。これに関してショーンは次のように述べている。

　「行為の中で省察する時，その人は実践の文脈における研究者となる。すでに確定した理論や技術のカテゴリーに頼るのではなく，独自の事例についての新たな理論を構成している。（途中省略）問題状況に枠組みを与えるように目的と手段を相互作用的に規定する。彼は思考することと行動することを分けていない。行為へと後で変換していく決定の方法を推論しているのであり，彼の実験は行為の一種であり，行為の実行が探究へと組み入れられていく[17]。」

　このことを音楽科授業で解釈するなら，例えば子どもの歌声を教師が聴き分けて（状況把握して）判断し，それまでの方法論のみにこだわることなく，その場面に応じた指導へと結実させていくような状態を意味していると考えられよう。すなわち，その場の文脈に従った推論をし，独自で的確な行為が生み出されることの重要性が示唆されているのである。
　この論理こそが「行為の中の省察」の原理であり，反省的実践の中核をなすものである。上記のショーンの言葉からはまた，子どもに対する的確な行為はさらに教師の思考を促進しそのことがまた新たな教師の行為を生むといった，いわば瞬間的な思考と行為の連鎖の存在をも読み解くことができるのである。
　このように考える時，行為の中の省察を繰り返しながら実践を積み上げることこそが，反省的実践家の生命線であることに気づかされる。
　しかしながら，「専門職化を技術的熟達化と同一視することがいまだに主流であるために，『行為の中の省察』は省察をしている人によってさえも，専門家の知の正統な形式として一般には受け入れられていない[18]」ことが指摘されている。専門職化の真意を問う上でも，反省的実践家理論を基盤とした研究が，音楽科において広範に深く浸透することが望まれるといえよう。

第2節　音楽科授業における教師の思考の構造

(1) 教師の思考の実像

　ここでは，反省的実践の中核として位置づけた「行為の中の省察」理論を手がかりとして，授業中における教師の思考の実像に迫りたい。

　行為の中の省察の構造は，前述した通りショーンの次の言葉に集約されていると考えられよう。

　　「私たちは問題を設定する時，状況の中の『ことがら』として取り上げるものを選び，注意を向ける境界を定め，何が誤っているのか，状況をどの方向に変えることが必要かを言及できるよう，その問題に一貫性を与えている。」[19]

　この言葉から，行為の中の省察とは教師の一瞬の思考であり，そこには複数のステップが内包されていることが読み取れる。そこで，この言葉を三つのステップに分解し解釈を加え，授業における教師の思考を次のように構造化していくこととする。

　① 上記の言葉の1本下線部，「状況の中の『ことがら』として取り上げるものを選び，注意を向ける境界を定め」は，授業において生起する様々な状況の一つの点に教師が着眼する行為と捉え，「状況把握」としての思考と呼ぶこととする。

　② 同じく2本下線部，「何が誤っているのか，状況をどの方向に変えることが必要か」は，状況に対する教師の見極め（聴き分け）の行為と捉え，「判断」としての思考と呼ぶこととする。

　③ 同じく点線下線部，「言及できるよう」は，教師がどのようないい方をするか定めること，つまり子どもに対する働きかけの準備となる行為と捉え，「（教授行為の）選択」[20]としての思考と呼ぶこととする（本研究でいう「（教

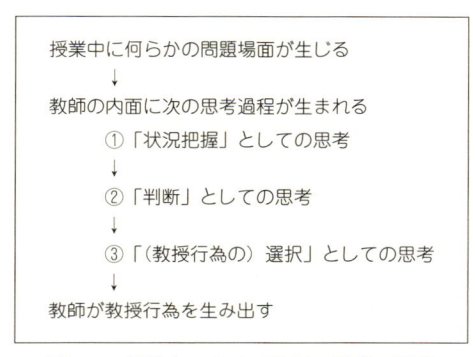

```
授業中に何らかの問題場面が生じる
        ↓
教師の内面に次の思考過程が生まれる
    ①「状況把握」としての思考
        ↓
    ②「判断」としての思考
        ↓
    ③「(教授行為の) 選択」としての思考
        ↓
教師が教授行為を生み出す
```

図 2-1 授業中における教師の思考の構造

授行為の)選択」は，既に体得したいわば持ち駒としての教授行為の中から「最適なものを選ぶ」ことも含むが，教授行為を「新たに組織する」といった意味でも積極的に用いられる)。

上記①〜③の思考のステップは，ショーンの言葉の流れから考えて，同時ともいえるほどわずかな時間差ながらも順に生起していると捉えることができよう。また，前述した反省的実践の中核をなす理論（状況把握や判断といった教師の思考が子どもに対する行為へと結実していく，といった解釈）に従えば，この①〜③の思考のステップを経て，最終的に教授行為が生み出されると考えることができる。

ここまでを整理すると，授業中における教師の思考の構造は，図2-1のように示すことができるであろう。

図2-1の①〜③はまた，意思決定のプロセスと捉えることができ，それぞれのステップがつながるように一連の流れを辿り教授行為に結実した場合を「思考の完結」と呼ぶこととする。この一連の流れは，前述したショーンの言葉のうち，波線部「一貫性を与え」と同意であるとの解釈も成立するであろう。

以上のように，ショーンによる「行為の中の省察」理論を基にして，授業中における教師の思考を構造化することができた。この考え方は，本研究において核となる理論的枠組みであり，これを基盤として具体的に音楽科授業における教師の思考を探究していくこととしたい。

```
┌─────────────────────────────────┬──────────────────────────────────────┐
│ ─── 児童の発言・活動・行為 ───  │ ──────── 教師の思考 ────────         │
│                                 │ ①「状況把握」としての思考             │
│  児童が，どなるような声で歌っている │ →  （自然で無理のない声になっていな  │
│                                 │      い」と教師が捉える）              │
│                                 │         ↓                              │
│                                 │ ②「判断」としての思考                  │
│                                 │   （「今，治しておかないと，どなるよ   │
│                                 │     うな声で歌う癖がつく」と教師が判   │
│                                 │     断をする）                         │
│                                 │         ↓                              │
│  ──── 教 授 行 為 ────          │ ③「（教授行為の）選択」としての思考   │
│                                 │   （自然で無理のない声を体感させるた   │
│ 「お母さんになって，『オホホホホ…』と │ ←  め「お母さんになって，『オホホホホ,,』 │
│  いってみましょう」と教師が指示する │    といってみましょう」という教授行  │
│                                 │    為を教師が選択する）                │
│     ┊ 見える活動 ┊              │   ┊ 見えない活動 ┊                    │
└─────────────────────────────────┴──────────────────────────────────────┘
```

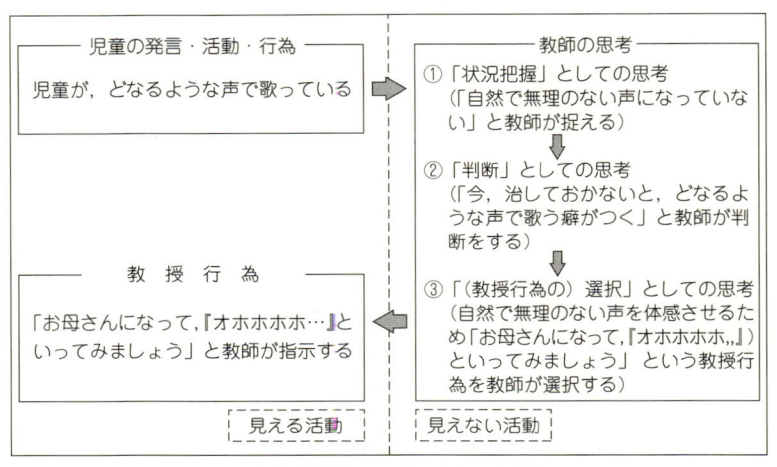

図2-2　音楽科授業における教師の思考モデル

（2） 音楽科授業における教師の思考モデル

　前節で述べた考え方に立脚し，音楽科授業において教師が教授行為をとるまでの思考モデルを，図2-2として示す。

　図2-2は，歌唱指導の授業中，児童がどなるような声で歌っているという状況を示したものである。その際教師は，「自然で無理のない声になっていない」と捉えている。これを①「状況把握」としての思考とする。次に教師は，その状況把握を基に，「今，治しておかないと，どなるような声で歌う癖がつく」と判断している。これを②「判断」としての思考とする。さらに教師は，その判断を基に，「お母さんになって，『オホホホホ…』といってみましょう」という教授行為を選択している。これを③「（教授行為の）選択」としての思考とする。

　これら3段階のステップを経て，教授行為が生じたと考えられるのである。当然のことながらこのような思考は，教師の内面で生起している見えない活動である。一方，「児童の発言・活動・行為」及び「教授行為」は見える活動であることを確認しておきたい。

（3） 教師の思考研究の意義

　従来の授業研究においては，図2-2に示した「教授行為」や「児童の発言・活動・行為」といった，見える活動に焦点をあてた検討が主流であったといえる。そのような研究を通して，より効果的な教授行為が開発され一般化し，どの教師でも効率のよい授業ができるようになったことも事実であろう[21]。その根底には，「効果的な教授行為を追試・共有することによって教師は力量を高め，そのことが児童の能力を培うことに結実する[22]」という考え方が存在する。この考え方に従えば，「教授行為」と「児童の発言・活動・行為」，つまり，見える活動そのものに焦点をあてた授業研究に意義を見い出すことができる。

　しかしながら教育現場においては，教師Aの生み出した教授行為を教師Bがそのまま追試しても，両者の授業における児童の反応が全く違うというようなケースが存在する。この違いを生み出した要因として，A・Bのクラスでは児童の実態が違う，教師A・Bでは，教授行為をとる際の表現力が違う等，様々なことが考えられるが，次の点も併せて指摘できよう。

　教師A・Bは同じ教授行為をとってはいるが，「児童の何を『把握』し，どのように『判断』して，教授行為を『選択』したのか」といった思考に違いがあるという点である。すなわち，教授行為という見える活動は同じでも，思考という見えない活動に両者の違いが認められるのではないかという指摘である。このことに関して，序章でも示したように佐藤は次のように述べている。

　　「教育実習生の授業を参観すると，『見える活動』においては次々とめまぐるしく複雑に動きまわっているが，『見えない活動』すなわち実践者の内面で展開される発見や選択や判断の思考においては，きわめて単純であることが珍しくない。それに対して，創造的な熟練教師の授業を観察すると，『見える活動』は動きが少なくて単純なようでも，教師の内面で遂行されている発見や選択や判断の思考という『見えない活動』が激しく複雑に展開しているのが一般的である。[23]」

佐藤の言葉から,「見えない活動」つまり教師の思考に焦点をあてた研究の重要性が確認できる。また,この文脈に従えば,創造的な熟練教師と経験の浅い教師の思考を調査し両者を比較することによって,教師の力量形成を促進させるための有益な手だてを得ることも期待できよう。こういった研究の重要性を示唆する言葉として,斎藤喜博の論を援用しながら述べた横須賀の次の一節がある。

「授業において大切な教師の力とは,具体的な事実を正確に捉える力であり,事実の底にあるものまで深く見抜く力である。」（筆者要約[24]）

この言葉は,状況把握,判断,選択といった思考が教師の力量の要となることを指摘しているといえよう。

佐藤や横須賀らの先行研究からも,教師の力量形成を見据え彼らの思考を解明することの意義が確認できるのである。

第3節　見えない活動を見るために
──教師の思考の調査方法──

本節では,ここまで解明してきた音楽科授業における教師の思考を概念レベルにとどめることなく,さらに次のステップ,すなわち具体的な調査にまで研究を発展させるため,調査方法について検討する。ショーンに関連する他の研究を援用しながら論究することとする。

(1)　反省的実践の授業研究モデル

教育現場においていまだに根強く行われている授業研究の形式は,行動科学を基礎とした「過程 - 産出モデル」[25]であろう。「過程 - 産出モデル」とは,授業における教師の活動や児童・生徒の学習過程の結果,児童・生徒の教科への態度,技能の成長等がどのように産出されたかを構造の基盤とする授業研究モ

デルである。ダンキン（M. Dunkin）とビドル（B. Biddle）によれば、このモデルでは機能主義的なシステムとして授業過程が捉えられている。つまり、子どもの「内的な経験の個性と全体性は、観察し数量的に処理しうる均質な要素へと分解されて、生産性と効率性を志向する技術的過程へと置き換えられている[26]」のである。

一方、「過程モデル[27]」は、構成主義を基礎としており、教室に生起する出来事を詳細に観察し、複雑で不安定な問題を実践的に探究していくことを特徴としている。参与観察を通して「特定の学校やある特定の教室における教師と子どもの活動を直接対象として、活動場面に生起する問題を記述し概念化する[28]」といった授業研究モデルである。参与観察の特徴に関して佐藤は次のように述べている。

「参与観察法による教室研究は、研究の目的と主題に応じた方法の多様性を特徴としており、数量的研究のように一般的に定式化することは困難である。[29]」

第2節の内容から考えても、「過程モデル」の考え方、すなわち参与観察法が教師の思考調査の研究方法として適していることは明らかである。

さらに佐藤は、反省的実践の授業研究を技術的実践の授業分析と対比して表2-1のように説明している。[30]

表2-1から反省的実践を志向する授業の探究は、特定の授業を観察し記録し批判するといったケーススタディーであることが理解できる。このような方法は、一般化が図れないという点において科学的な研究でないとの批判に曝されることも想像に難くない。しかしながら、佐藤は「この事例研究が『一つ』の研究であることをもう一度確認しておく必要があるだろう[31]」と述べ、技術的実践の授業研究の限界を指摘し、反省的実践のそれの重要性を強調している。このように、技術的熟達者から反省的実践家へという専門家像に対する概念の変移は、授業研究法の転換へと帰結していくのである。

表 2-1　授業研究の対比

	〈技術的実践の授業分析〉	〈反省的実践の授業研究〉
目　的	プログラムの開発と評価 文脈を越えた普遍的な認識	教育的経験の実践的認識の形成 文脈に繊細な個別的な認識
対　象	多数の授業のサンプル	特定の一つの授業
基　礎	教授学，心理学，行動科学，実証主義の哲学	人文社会科学と実践的認識論，ポスト実証主義の哲学
方　法	数量的研究・一般化，標本抽出法・法則定立学	質的研究・特異化，事例研究法・個性記述学
特　徴	効果の原因と結果（因果）の解明	経験の意味と関係（因縁）の解明
結　果	授業の技術と教材の開発	教師の反省的思考と実践的見識
表　現	命題（パラダイム）的認識	物語（ナラティヴ）的認識

　ここまで述べてきた反省的実践の授業研究法の理論を音楽科授業に敷衍させ，参与観察法に着目しつつ，教師の思考を調査する具体的な方法を次に探ることとする。

（2）　教授行為を手がかりに教師の内面を探る

　行為の中の省察を基盤とした教師の実践的な認識，すなわち本研究でいう「教師の思考」の解明について，音楽科の立場からアプローチした山田の方法論[32]に着目したい。

　山田は，音楽科授業における教授行為に焦点をあて，ジェームズ（W. James）のいうプラグマティックな方法[33]によって教師の内面を探ることを提案する。山田は教師の内面を探るため，教授行為からその教師の思考を問う方法を提案している。つまり，教授行為を手がかりに，その教師がどのような思考をしながら授業を進めたかについて，逆向きに辿る方法である。具体的には，授業場面に即し次のような問いかけによって，教師の思考を顕在化させる[34]。

・そうした（学習）活動（歌唱活動，器楽活動，創作活動，聴取活動など）を用意したのはなぜか。
・一まとまりの学習活動相互を，なぜそのように結びつけているのか。

・なぜ学習形態（班学習など）をそのようにしているのか。
・なぜそうした教材を，その場面で，そのように提示するのか。
・なぜ指示や発問を，その場面で，そのようなことばで行ったのか。
・なぜ音楽的な働きかけを，その場面で，そのように行ったのか。
・そうした働きかけをすることによって，教師は子どものどのような反応を予想（期待）しているのか。
・子どもが予想外の反応をした時には，どのような対処をするつもりだったのか。その対処の仕方はどんな理由に基づくものなのか。

このような調査法を提示し，山田は次のようにいう。

「授業における教師の教授行為を，結果である子どもの反応について評価しても何も生み出さない。教授行為を結果について評価すべきではないのである。結果がよくても悪くても，結果は結果である。[35]」

この考え方は，前述した「過程 – 産出モデル」の研究に限界を見い出した理論であり，反省的実践の授業研究と密接に関連するものであると考えられよう。さらにいえば，山田の提案はジェームズだけでなく様々な先行研究を基盤として構成されており，汎用性の高い理論であると捉えることができよう[36]。

以上のことから本研究では，山田の提案を音楽科授業における教師の思考を探るための中核的手法と定めたい。

（3）再生刺激法（stimulated recall method）

授業が終わった後の授業者に対して，前述した山田による問いかけを行う際，重要となることは事実を正確に思い出せるような仕掛けをすることである。なぜなら，授業とはその場限りの営みであり，自分の行ったものでさえ正確に思い出すことが容易ではないという特性を有するからである。思い出そうとしても，記憶がゆがめられていたり忘却していたりするような状況も想定できる。

そこで，そのようなバイアスを少しでも回避するため，授業の具体的場面を提示しながら教師の思考の調査が可能となる「再生刺激法（stimulated recall method）」に着目したい。この調査方法は，教師の思考研究において有効な手段であることが先行研究において指摘されており[37]，筆者の研究にも導入していくこととする。

本研究における手順は以下の通りである。

① 授業の様子をビデオに収める。ビデオ記録については，授業者と学習者の相互作用の様子を撮影し，両者の表情あるいは仕草といった細部までもが明確になるよう収録に心がける。

② 授業後，できるだけ時間が経過しない早い時期に授業者に録画したVTRを見せる。教授行為が生じる度にビデオをストップモーションさせ，例えば「なぜこの時，このように指揮をしたのか」「なぜピアノ伴奏をやめたのか」等，その場に即した問いかけをし授業者の思考を探る。問いかけに対し，授業者が自由に発話したことを記録し全て文章化する。

ここで問題となるのは，再生された思考に信頼性があるのかどうかという点である。つまり，思考を再生する際，授業者が授業後の解釈や反省さらには合理化などを混入するのではないかということが懸念されるのである。また，時間の経過による「忘却」や，無意識のうちに生じた思考を，反省的に意識化された層でしかデータを得られない，といった問題も残る。これらの問題に関しては，いまだ解決されてはいないものの，吉崎は次のように述べている。

　　「しかしながら，授業中の教師の認知や意思決定をその場で取り出すことは不可能に近いだけに，現在のところ最も有力な研究法であることにはまちがいはない。[38]」

先行研究では，吉崎のように再生刺激法を用いて教師の思考を調査し，有益な情報を提供した例が散見できる[39]。ただし，本稿の冒頭にも述べたように，音楽科においてはそのような研究が少ないため，教師の思考調査を着実に積み重

第2章　音楽科授業における教師の思考探究の基礎理論

ねることが焦眉の課題となる。

註
1) Donald Schön (1983) *The Reflective Practitioner: How Professionals Think in Action*, Basic Books.
2) 稲垣忠彦・佐藤学 (1996)『授業研究入門』岩波書店, p.86。
3) Donald Schön (1983) *The Reflective Practitioner: How Professionals Think in Action*, Basic Books. (D. ショーン著, 佐藤学・秋田喜代美訳 (2001)『専門家の知恵——反省的実践家は行為しながら考える』ゆみる出版, p.229。)
4) 瀧川淳 (2007)「音楽教師の行為と省察——反省的実践の批判的検討を通した身体知の考察」博士論文, 東京芸術大学。
5) 坂本の先行研究は, 学会口頭発表である。
坂本暁美 (2009)「省察的実践家としての音楽科教師を育む指導法に関する考察」(日本学校音楽教育実践学会　第14回全国大会)。
6) ショーン著, 佐藤・秋田訳, 前掲書, 註3参照。
7) 同上, pp.56-57。
8) 同上, p.56。
9) 同上, p.58。
10) 同上, p.86。
11) 同上, p.86。
12) 同上, p.86。
13) 同上, pp.90-91。
14) 同上, p.91。
15) 同上, p.10。
16) 同上, pp.116-118。
17) 同上, p.119。
18) 同上, p.120。
19) 同上, p.58。
20) 教授行為に関しては, 序章で詳述したが, 本章においても重要なタームであるため再度確認しておく。「教授行為」に関して, 藤岡は次のように定義している。「発問, 指示, 説明から始まって, 教具の提示や子どもの討論の組織におよぶ, 現実に子どもと向き合う場面での教師の子どもに対する多様な働きかけとその組み合せのことである」本章でもこの定義に従う。以下参照。

　　　　藤岡信勝（1987）「教材を見直す」『岩波講座　教育の方法3　子どもと授業』岩波書店，pp. 178-179。
21)　向山の提唱で始まった，「教育技術の法則化運動」等がこれに該当する。
22)　「教育技術の法則化運動」の根幹をなす教育思想を筆者が要約した。向山は，「教育技術の法則化運動は，『全国のすぐれた教育技術』を法則化し共有財産化するという目標を持つと共に，教師の技量を向上させていくという役割を果たす。これは，子どもにとってより価値ある教育をしたい，という教師の願いにこたえたものである」と述べている。以下参照。
　　　　向山洋一（1985）『授業の腕をあげる法則』明治図書，p. 228。
23)　稲垣・佐藤，前掲書，p. 101，註2参照。
24)　横須賀薫（1990）『授業研究用語辞典』教育出版，p. 200。
25)　Dunkin, M. and Biddle, B. (1974) *The Study of Teaching*, Scott, Foreman.
26)　佐藤学（1996）『教育方法学』岩波書店，p. 49。
27)　佐藤は，1967年から1972年にかけて展開されたヒューマニティーズ・カリキュラム・プロジェクトにおけるステンハウス（L. Stenhouse）の研究「過程モデル」が，文化人類学的方法を授業研究に導入した出発点であると説明している。佐藤，前掲書，p. 61，註26参照。
28)　佐藤，前掲書，p. 61，註26参照。
29)　同上，pp. 61-62。
30)　稲垣・佐藤，前掲書，p. 121，註2参照。
31)　同上，p. 122。
32)　山田潤次（2000）「音楽科における授業研究の意義と方法」『音楽教育学研究2《音楽教育の実践研究》』音楽之友社，pp. 266-275。
33)　山田はプラグマティックな方法に関して次のように説明している。
　　「各観念（最初のもの，原理，範疇，仮想的必然性）それぞれのもたらす実際的な結果（最後のもの，結実，帰結，事実）を辿りつめてみることによって，各観念を解釈しようとこころみる定位の態度である」山田，前掲書，p. 266，註32参照。
34)　山田，前掲書，p. 272，註32参照。
35)　同上，p. 271。
36)　音楽教育の分野からは八木，教育一般からは宇佐美，藤岡らの先行研究をバックグラウンドとしている。それぞれの出典は以下の通りである。
　　・八木正一（1991）「音楽の授業研究　研究の動向　音楽教育研究の抽象から具体へ」『音楽教育学の展望Ⅱ』音楽之友社　pp. 84-93。

・宇佐美寛（1978）『授業にとって「理論」とは何か（明治図書選書7）』明治図書。
・藤岡信勝（1989）「"教授行為"への着目がなぜ必要か〈上〉――津田順二氏への手紙」『授業づくりネットワーク No.17』学事出版，pp.99-106。

37) 秋田は，再生刺激法は授業者の意図や思考と授業行動との関連を検討するのに有効であるとしている。以下参照。
    秋田喜代美（1992）「教師の知識と思考に関する研究動向」『東京大学教育学部紀要』32，p.229。

38) 吉崎静夫（1989）「授業研究と教師教育(2)――教師の意思決定研究からの示唆」『鳴門教育大学研究紀要』教育科学編，4，p.350。

39) 吉崎静夫（1986）「教師の意思決定と授業行動の関係(2)」『日本教育工学雑誌』10，日本教育工学会，pp.1-10。

第3章
音楽科における教職経験探究の基礎理論

　教師は，新人として教職についてから退職を迎えるまで，職業的な充実と葛藤を幾度となく経験する。それは，困難との遭遇と，それを乗り越えようとする営みが複雑に絡み合った起伏に富んだ道程といえよう。このような教職経験が，教師の力量形成に大きく関与していることを指摘する先行研究は多数存在している[1]。これらの研究は，教師自身に焦点をあてその教職経験を詳細に振り返ることにより，彼らの力量形成に関して有益な情報を提供するといった手法のものが多く，その点に意義を認めることができよう[2]。

　このような研究的意義は，当然ながら音楽科教育においても同様に見いだすことができる。序章でも述べたように権藤は，音楽科の立場から「自らの教職経験を振り返ることで教師の成長の軌跡を確認する」研究の緊要性を指摘している[3]。

　そこで第3章では，教師の成長や発達に焦点をあて，教師のライフコースに関する理論的枠組みを構築する。第1節では，教師のライフコースとライフステージの関係とその構造を明らかにする。第2節では，教師のライフステージに関する多様な捉え方とその実態に迫る。第3節では，どのライフステージに注目して本研究を進めるのか，その方向性を論じる。第4節では，長きにわたる教職経験を振り返るための方法論を検討する。

第3章　音楽科における教職経験探究の基礎理論

第1節　教師のライフコースとライフステージ

（1）　ライフコースとライフステージの関係

　ライフコースは，エルダー（G. H. Elder）によって次のように定義されており，山﨑はその理論を援用し教職経験の研究を進めている。

　　「年齢によって区分された生涯期間を通じていくつかの軌跡，すなわち人生上の出来事についての時機調節，移行期間，間隔及び順序に見られる社会的なパターン。」[4]

　この定義から考えると，ライフコースが「人生航路」と訳されることが多い理由が理解できる。本稿でも山﨑同様，エルダーの定義を解釈し，序章の概説に従って論を進めていくこととする。
　次に，教師のライフコース（エルダーは教師に限定したものではなく，一般論を示している）について考えてみたい。教師のライフコースとは，就職してから退職までの期間だけではなく，前述の定義のように教師の生涯期間における人生の軌跡を示していると捉えるべきであろう。また，その中には様々な特徴的な固有の段階（時期）が存在することも想像に難くない。本稿では，この特徴的な固有の段階（時期）のことを「ライフステージ」と呼ぶ。
　山﨑は，教師のライフコースとライフステージは図3-1のような関係にあるとし，「ライフコースという〈かんづめ〉を，ある段階で輪切りした場合，その断面」がライフステージであると述べている。[5]
　山﨑の言葉を使って図3-1を説明するなら，円柱，つまり〈かんづめ〉がこの教師のライフコースである。そして，そのライフコースを各段階で輪切りにしたものがライフステージであり，この例では七つ示されている。
　図3-1に示したD教師の各ライフステージを解説すれば次のようになる。

第Ⅰ部　音楽科における教師の力量形成に関する基礎理論の探究

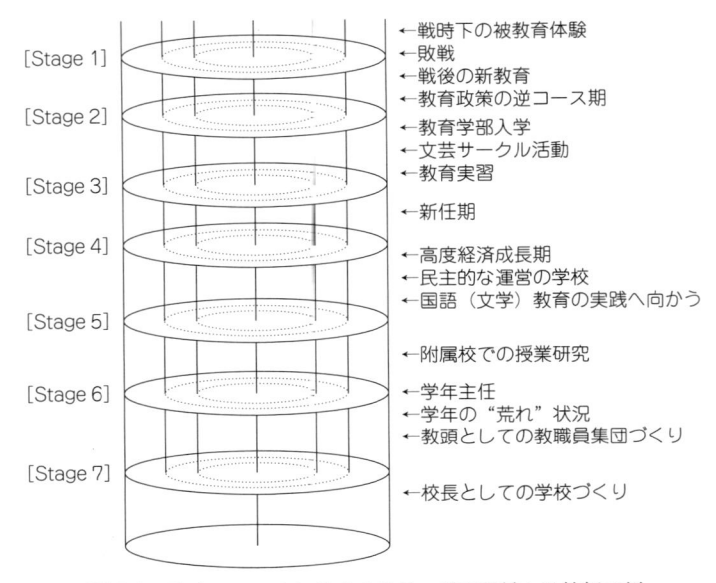

```
[Stage 1] ← 戦時下の被教育体験
          ← 敗戦
          ← 戦後の新教育
          ← 教育政策の逆コース期
[Stage 2] ← 教育学部入学
          ← 文芸サークル活動
[Stage 3] ← 教育実習
          ← 新任期
[Stage 4] ← 高度経済成長期
          ← 民主的な運営の学校
[Stage 5] ← 国語（文学）教育の実践へ向かう
          ← 附属校での授業研究
[Stage 6] ← 学年主任
          ← 学年の"荒れ"状況
          ← 教頭としての教職員集団づくり
[Stage 7] ← 校長としての学校づくり
```

図3-1　ライフコースとライフステージの関係：D教師の例

　　Stage 1：大学入学までの被教育体験の時期
　　Stage 2：大学（教師としての養成教育）の時期
　　Stage 3：新任期
　　Stage 4：文学教育と学級づくり，学級・学校文化づくりの時期
　　Stage 5：附属中学校での授業研究邁進の時期
　　Stage 6：主任・教頭職への就任と学校の"荒れ"への対応の時期
　　Stage 7：校長としての学校改革実践の時期

　山﨑はまた，D教師の1事例から一般的な教師の傾向を捉えることの可能性も示唆している。これに従い，D教師の事例から教師一般の特徴を次に考察していくこととする。

（2）　教師のライフステージの特徴

　前述したモデル（図3-1）は1事例に過ぎないが，そこからは一般的な教師のライフステージの特徴を垣間見ることができる。その特徴とは，次の4点に

46

第3章　音楽科における教職経験探究の基礎理論

集約することができよう。
　① 各ライフステージの期間（時間的な長さ）の違い
　② 一般的なライフステージの存在
　③ 各教師固有のライフステージの存在
　④ 各教師固有のものではあるが多くの教師に共通したライフステージの存在

　上記①に関していえることは，一人の教師の辿る各ライフステージの期間はその長さが一様でない，ということである。急速な変化を伴うような短い期間のステージもあれば，緩やかに時間の流れる長いものも存在するであろう。また，新任期（図 3-1 の Stage 3），大学の時期（図 3-1 の Stage 2）等，期間が決定されているステージも存在している。このように，教師のライフステージは，それぞれの段階ごとにその時間的な長さが違うという特徴を有していることを，ここでは押さえておきたい。

　②について述べる。図 3-1 から分かるように，教師には新任期，養成期等，誰もが経験するような一般的なライフステージが存在している。経験年数 5 年目，10 年目等のものさしを用いてライフステージを区切ることも可能である。つまり教師のライフステージは，規則性のある枠組みで切り取ることのできる，いわば標準性を具備した教職期間であると捉えることができるのである。ただしこれは，「個々の教師の成長が彼らの経験年数に見あうだけのレベルにあるのか」といった問題には触れることのない，画一的なステージ設定であるともいえよう。

　③については，容易に想像することができる。例えば，5 年目に休職し 1 年後に他校に復職する教師と，10 年間連続して同じ学校に勤務し続けた者を思い描くとよい。当然ながら，両者のライフステージは全く違ったものであると考えられる。このような例をあげるまでもなく，教師のライフステージの最大の特徴は個別性にあるといえる。

　他方，個別的ではあるが多くの教師に共通したライフステージの存在を指摘したものが④である。このことに関し，山﨑は図 3-1 の教師を例にあげ次のよ

うに述べている。

　「このようなライフステージの変化は，あくまでもＤ教師固有のものに過ぎないが，しかしそれぞれの段階において，その他の事例にも共通して指摘できるような重要な視点も幾つかうかがえる[6]。」

　山﨑の言葉から，遭遇する年齢（教職年数）や事例は教師それぞれに違っていても，同傾向の経験が多くの教師を待ち受けているといったライフステージの存在を確認することができるのである。
　以上の整理より，教師のライフステージには四つの特徴的な側面が存在していることが理解できる。とりわけ上記②～④をさらに検討することによって，音楽科における教師の力量形成に関し，どの段階に焦点をあて取り組みを進めていけばよいのかが見えてくるであろう。
　そこで次節では，②～④に関して具体的な資料等を参考にしながら，さらに考察を進めることとする。

第2節　教師のライフステージの実態

（1）　一般的なライフステージ

　一般的なライフステージを設定した例は，文部科学省，教育委員会の提示する教員研修プラン等の中に見られることが多い。文部科学省の提示する「教員のライフステージと研修」[7]を図3-2として示す。
　図3-2より教師のライフステージは，教職年数によって機械的に区切ることも可能であることが理解できる。文部科学省では，教職年数5年ごとのスパンでステージが設定され，各種の研修が用意されている。
　図3-2の国レベルの研修から，次の2点に注目してみたい。「10年目～20年目を中堅教員段階と設定していること」「20年目～30年目を管理職の段階と設定していること」である。しかしながら，この国レベルの研修は，校長・教頭

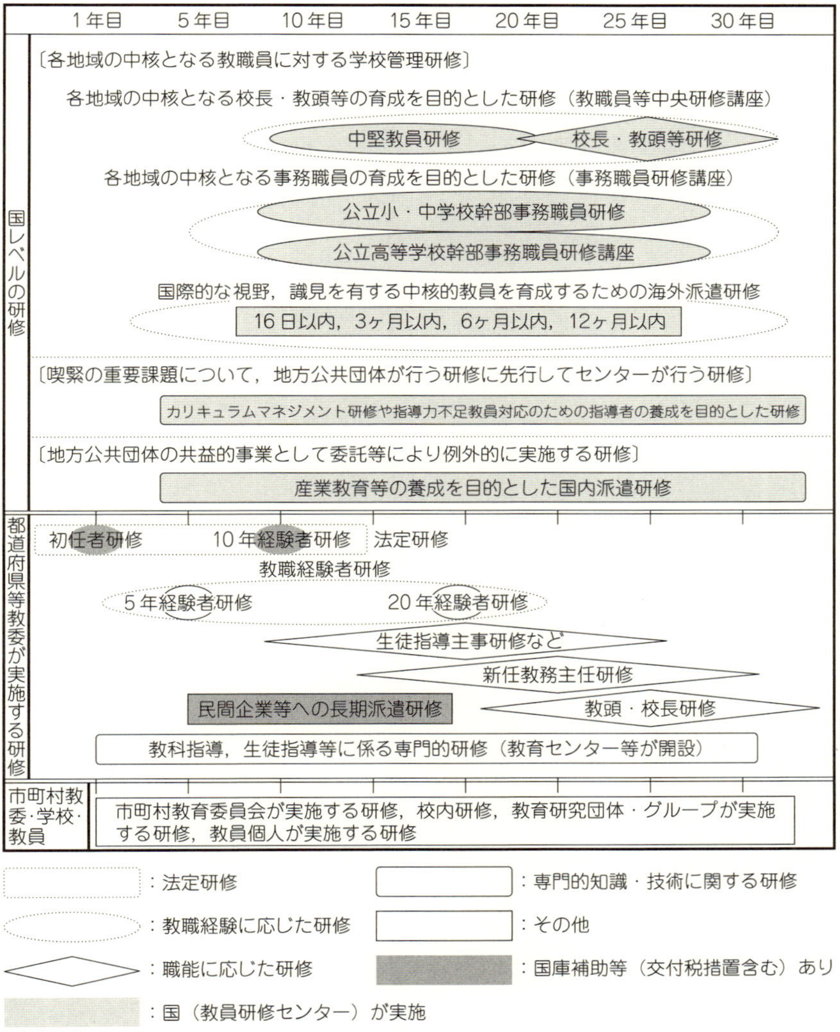

第3章　音楽科における教職経験探究の基礎理論

| | 1年目 | 5年目 | 10年目 | 15年目 | 20年目 | 25年目 | 30年目 |

〔各地域の中核となる教職員に対する学校管理研修〕

各地域の中核となる校長・教頭等の育成を目的とした研修（教職員等中央研修講座）

中堅教員研修　　校長・教頭等研修

各地域の中核となる事務職員の育成を目的とした研修（事務職員研修講座）

公立小・中学校幹部事務職員研修

公立高等学校幹部事務職員研修講座

国際的な視野，識見を有する中核的教員を育成するための海外派遣研修

16日以内，3ヶ月以内，6ヶ月以内，12ヶ月以内

〔喫緊の重要課題について，地方公共団体が行う研修に先行してセンターが行う研修〕

カリキュラムマネジメント研修や指導力不足教員対応のための指導者の養成を目的とした研修

〔地方公共団体の共益的事業として委託等により例外的に実施する研修〕

産業教育等の養成を目的とした国内派遣研修

（国レベルの研修）

都道府県等教委が実施する研修：
- 初任者研修　10年経験者研修　法定研修
- 教職経験者研修
- 5年経験者研修　　20年経験者研修
- 生徒指導主事研修など
- 新任教務主任研修
- 民間企業等への長期派遣研修　　教頭・校長研修
- 教科指導，生徒指導等に係る専門的研修（教育センター等が開設）

市町村教委・学校・教員：
市町村教育委員会が実施する研修，校内研修，教育研究団体・グループが実施する研修，教員個人が実施する研修

凡例：
- ：法定研修
- ：専門的知識・技術に関する研修
- ：教職経験に応じた研修
- ：その他
- ：職能に応じた研修
- ：国庫補助等（交付税措置含む）あり
- ：国（教員研修センター）が実施

図3-2　教員のライフステージと研修

（出典）　文部科学省HP。

等の育成を目的としており，全教員を対象にしたものではない。そのため，全ての教員にとっての重要なライフステージを浮かび上がらせる資料とはなりにくい。

　そこで，全教員対象の都道府県レベルの研修を図3-2から見てみることとする。法定研修が設定されているのは，1年目からの初任者研修と10年経験者研修[8]である。また，教職経験者研修が設定されているのは，5年目と20年目である。1年目から10年目の間に3度の研修が設定されていることから，その期間のライフステージが重要視されていることが理解できる。

　ここまで，文部科学省の資料から一般的なライフステージについて見てきた。このような一般的なライフステージは，行政からの指導の節目として役立つものであり，標準的な教師教育のためのものさしと呼ぶこともできるであろう。しかしながら，同じライフコースを辿る教師は二人といないため，そのようなものさしは彼らの成長を画一的に捉えたモデルに過ぎないといった指摘もできるのである。

　そこで，5年スパンというほど機械的ではないが，一般的と呼べるようなライフステージモデルを二つ提示することとする。

　一つ目は，高井良の提唱するライフステージモデル[9]である。以下に示す。

① 新任期：採用より3年間。教師の仕事とは一体どのようなものなのかというイメージを育む大切な時期

② 4～5年目からの時期：これまでの見よう見まね「授業」から脱却して，自分自身の固有の教育実践を育てる試みをする時期

③ 15～20年目の中年期：教師としての自己を育て，一通りの仕事を身につけた時期

④ 40歳の半ばを過ぎたベテラン期：学校全体を見渡す時期

　高井良はこのような一般的なモデルを提示しながらも，「多くの場合は」といった言葉を用いながら，画一的な表現を避けている。

　二つ目に，山﨑のライフステージモデルを示す。山﨑は次のように述べている。

「一般に，新任期から中堅期を経て，30〜40歳代における各種主任や指導主事などの指導的職務期，そして教頭や校長といった管理的職務期といった道筋を辿る。」[10]

　山﨑もまた，一般的なライフステージを提示しながらも，教師のライフコースは，単に定まった段階を順を追って移行していくだけではなく，質的な変容性を帯びて推移することを強調している。このような論調は，他の研究者にも見られ，例えばヒューバーマン（M. Huberman）は，ライフステージの一般的段階論を提示しながらも，早計な画一化，規準化を戒めている[11]。

　これらの論考からも分かるように，教師のライフステージの一般化は慎重に行われるべきであり，その際には教師の個別性にも焦点をあてた柔軟な発想が求められるのである。

（2）　各教師固有のライフステージ

　教師それぞれに固有のライフステージが存在することは，容易に推察できることである。山﨑の調査から，例をあげ考察してみたい。

【E教師の事例】[12]
　Stage 1：大学入学までの被教育体験の時期
　Stage 2：大学（教師としての養成教育）の時期
　Stage 3：教師として生きていく決意をした新任期（僻地校にて）
　　担任していた子どもが怪我をし，その後のE教師の対応が悪かったため，市街の病院に入院させるという大事件となった。幸い大事に至らなかったが，子どもが退院する日，彼を背負って学校までの山道を登りながら，教師として生きていく決意を固めた。
　Stage 4：女性教師としての試練と力量形成の時期
　　街中の学校に初の転任。10月に長男を出産。育休などない時代。仕事を続けながらの出産・育児という辛い経験は，その後の考えや教育実践に大

きく影響した。
　Stage 5：「よい授業」像への疑問と転換の時期（34歳〜）
　　　自分の子どもを持つことによって気づき始めた「どこかで子どもをいじめていた」ような実践からの転換。厳しい職場環境の下で，教育研究サークル活動へ参加。4番目の転任を契機として実践に変化が見られ始める。
　Stage 6：授業研究への邁進と多数の実践報告を発信していく時期
　　　6番目の赴任校F小学校への転任は，授業研究を通した力量形成に大きな変化や深まりをもたらし，多数の実践報告を発信していく時期を築きあげた。
　Stage 7：子どもと母親たちの変化と退職を決意した時期（53歳〜）
　　　G小学校に赴任。いじめ問題に遭遇。学級の母親たちからの注文も多く，教職に疲れ果ててしまう。家庭では，自分の母親が体力の限界に達し，定年まで3年を残し退職を決意。

　以上の例は，E教師固有のライフステージであり，他の教師にもまた違ったそれが当然ながら存在する。このような教師固有のライフステージ全ての事例に即応して，力量形成の支援をすることは困難を極めるであろう。前項では，個別性に配慮して教師のライフステージを語るべきであると強調したが，それを重視すればするほど，教師の数だけ存在する事例を前にして，支援の方向性すらつかめない事態に陥る可能性が指摘できるのである。
　そこで次の段階として，「固有ではあるが多くの教師に共通したライフステージ」について検討を試みる。

（3）　固有ではあるが共通したライフステージ

　「固有ではあるが共通している」とはどういうことなのか。このパラドキシカルな命題に迫るため，音楽科教師Sの事例を提示する。

第3章　音楽科における教職経験探究の基礎理論

【S教師の事例】[13]

　Sはまず，公立中学校の音楽科教師として採用される。その後実践を積み，大学の附属小学校へ転任。そこでは，子どもが楽しく学ぶ指導法を提案し続け，音楽の授業に一層自信を深めた。その後，また公立中学校へ異動した。そこは，いわゆる荒れた状態の学校であった。授業中に生徒から，「先生，だいたい，こんなこと（リコーダーの練習）やったって意味ないじゃん」といわれ，何とか自己の教師力を総動員して楽しい授業をつくり出そうと努める。しかしながら，結局は授業への気力や自信を失い自己の無力感に襲われることとなる。自己の中にわき上がる疑問に対して，何らかの答えを導くものを見つけられない危機的な日々が続くこととなった。教職15年目のことである。

　このS教師の事例にあるように，教職15～20年頃の教師には大きな危機が襲いかかるという。筆者も，研修会等で会う多くの現場教師からこのような事例を度々耳にしているし，多くの文献にも紹介されている[14]。
　このような事態を，高井良は「中年期の危機」と呼び警鐘をならしている。
　中年期の危機は，「社会の変動による子どもたちをめぐる環境の変化，加齢による子どもたちとの世代のギャップ，経験を重ねることによる教師としての役割の硬直化などによってもたらされ」[15]るという。しかしながら，この中年期の危機は教師生命を脅かすだけの存在ではなく，むしろそれを克服し新しい第一歩を踏み出す契機となることも多数報告されている。ここで事例を示したS教師も同様である。
　随所で指摘される通り，中年期の危機は多くの教師が共通して遭遇するものと考えられている。しかし危機の内容はその教師固有のものであり，またその克服のプロセスも様々である。つまりこのような，ほとんどの教師が共通して経験はするが，その内容については各人千差万別であるといった現象の起こる時期こそが，固有ではあるが共通したライフステージの正体ではなかろうか。
　また，危機に遭遇する中年期と同様，教師がダメージを受けやすいライフス

テージとして，リアリティ・ショックに遭遇する新人期をあげることができる。リアリティ・ショックとは，実際に教職についた新人教師が理想と現実のギャップに苦しんだり，教師として空回りする日々に悩んだりすることである。

この悩みの実態が，各教師固有のものであることは論を待たない。ただし固有のものではありながらも，それが新人期に訪れるという点には共通性が確認できる。つまり，リアリティ・ショックの観点からいえば，新人期も各教師固有のものではあるが多くの教師に共通したライフステージである，ということが理解できる。

金井は，教職に限らず「どんなにいい組織や集まりでも必ずリアリティ・ショックがあり，それを完全に払拭することは難しい」と述べ[16]，ショックの多様性を指摘している。金井の言葉から，多くの教師にとってリアリティ・ショックを受ける新人期は負の経験をする共通したライフステージであることが導かれ，同時にダメージの内容は各教師固有のものであると捉えることができるのである[17]。

第3節　教師の力量形成を考える上で注目すべきライフステージ

教師教育を語る上で，「pre-service education」「in-service education」という考え方が存在する。前者は「養成教育」，後者は「現職教育」と訳される。この両方の教育を充実させることが，教師教育にとって重要とされている。本研究では，両者における教師の力量形成を視野に入れ取り組みを進めていくこととする。

養成教育の期間は一般的にいうと，短期大学卒業までなら2年間，大学院卒業までなら6〜7年間である。一方，現職教育は30数年間にわたる教職に就いている期間が対象となる。これは極めて長期間であるため，そのうちのあるライフステージに特化して，力量形成の促進を考えることが有効となろう。

このような，教職経験のある時期に特化した研究は様々見ることができるが，一例として木原の研究を取り上げる。木原は新人期というライフステージに焦

第3章 音楽科における教職経験探究の基礎理論

点をあて，1年目教師の力量形成研究を行っている[18]。木原の他に，新人教師や中堅教師の力量形成に関して研究した吉崎の取り組みも，特定のライフステージに重点を置いたものとなっている[19]。

これらの研究のように，本研究でも教職経験の中のある時期に焦点をあてることとするが，とりわけ教師の成長の鍵を握る時期に着目したい。このような時期には，力量形成上の「ターニング・ポイント（turning point）」が訪れるといわれている。ターニング・ポイントとは「転機」と訳され，危機に直面する等，その後の教師の成長に大きな影響を与える契機とされている[20]。

教師のライフコースにおける代表的なターニング・ポイントとしてあげられるのは，木原や吉崎の先行研究に見られたように，リアリティ・ショックを受ける新人期と危機の迫る中年期であろう。

このことに関して高井良は次のように述べている。

「新任期は，リアリティ・ショックという危機への対応をめぐって，教職生活のひとつのターニング・ポイントを形成しています。新任期における，教師の仕事，教師の役割のとらえ方の深さが，この後の教師としての成長の可能性を大きく規定しているように思われます。」[21]
「（中年期の危機は）教職生活の試練でもありますが，子ども観，学び観を深め，もう一つ深く統合された教職アイデンティティに組替えるという教師の成長の契機にもなっています。」（括弧内，筆者）[22]

リアリティ・ショックと中年期の危機は，前述したように大きなショックを伴うことも多く，教職最大の危機といっても過言ではない。しかしながら，これらを乗り切ることで教師は大きな自信を得，その後の成長につながるものでもある。

すなわち，危機は最大の成長のチャンスと読み替えることができるのである。このように危機を成長に転じることこそ，本研究の目指すところである。また本研究は，序章の問題の所在でも指摘したように，教師が困難を乗り越えて成

55

長することを見据えており，この観点からいえば，新人期，中年期に着目した取り組みを進めることが希求されているといってよい。

第4節　教職経験の調査方法

(1) インタビュー調査の方法

　本研究においては，基本的にインタビューによって，教師の教職経験を調査する。インタビュー調査は，山﨑の理論を援用して回想法面接を用い[23]，その教師の勤務する学校内で行うこととした。聞き取りについては，各章の研究内容に即すこととし，新人期に限定されるものと，20年以上の長きにわたる教職経験の全期間の二つの範囲を設定した。また，教師としての力量形成に関わるトピックを自由に語ってもらうことを基本としたが，それだけに頼ることは，語りの内容が偏ったものになる，調査の趣旨から大きく逸脱する，といった可能性も考えられる。したがって，聞き取る項目を大枠で設定し，語られた内容に対して随時さらに詳しい説明や語り手自身の解釈・意味付与を求め，語りを促していくという方法をとった[24]。

　このことに関して山﨑は次のように述べている。

　　「方向づけのないインタビューが望ましいとはいえ，現実的実際的にはそれだけに頼ることは語りの内容が偏ったものになってしまったり，あるいは逆に趣旨から大きく逸れてしまったりする危険性もあり，聞き手による一定の方向づけが必要となってくる。」[25]

　また，インタビューにおけるインフォーマントの選定に関して，過度のラポールの成立は調査の阻害要因として働くこともあるため，親密過ぎる者を避けることとした。

第3章　音楽科における教職経験探究の基礎理論

（2）　ライフヒストリー法

　教職経験の振り返り調査には，グッドソン（I. Goodson），サイクス（P. Sikes）らが提唱する「ライフヒストリー法」を用いることとする。ライフヒストリー法とは，インフォーマントとなる個人にこれまで歩んできた人生をインタビューし，その語りを中心として関連する資料なども調査することによって，個人の経験を再構成するとともに，その個人をとりまく組織や地域，社会構造をも捉えようとする質的調査法である。[26] この手法は近年，人文・社会科学分野で注目を浴びており，個別的な事例を一つひとつ明らかにする点に意義も認められている。[27]

　個人史の再構成は，語り手と聞き手の共同作業的見地から進める。すなわち，語り手自身の解釈によって自己の人生が語られるライフストーリーを基盤に，そこに聞き手なりの解釈・意味付与をしライフヒストリーに仕上げていくといった手法である。[28] また，この研究法の特質上，インタビュー内容を重視するが，データとしての信頼性をさらに高めるため，入手できる限りの関連資料の検討にも力を注ぐこととした。なぜなら，このライフヒストリー法は「研究の枠組みが研究者の信念や先入観によってあらかじめ決まってしまいがち[29]」であることや，個人対象の研究に多くの意義が見いだされてはいるものの，サンプル数が少ないといった指摘があるためである。

　本研究で検討する関連資料としては，その教師の履歴書，研究紀要，学習指導案，授業観察ノート，授業や研修に関する手記，学級通信，新聞に掲載された児童の作文，音楽研究大会のパンフレット等である。さらには，このような関連資料やインタビューに対する調査者の解釈あるいは意味付与の信頼度を高めるため，仕上がったライフヒストリーの妥当性をインフォーマントに確認した後，論文として発表することとした。[30]

　序章にも述べたように，先行研究の中には，ライフヒストリー法を用いて教師の教職経験を調査し有益な情報を提供した例が散見できる。[31] ただし，音楽科においてはそのような研究が極めて少ないため，この方法による調査を着実に積み重ねることは，緊要な実践的課題といってよいであろう。

第Ⅰ部　音楽科における教師の力量形成に関する基礎理論の探究

註

1) 近年わが国では，稲垣らの『教師のライフコース研究』，山﨑らの「教師の力量形成に関する調査研究」などに端を発し，教職経験に焦点をあてた研究が注目されるようになってきた。以下参照。
   - 稲垣忠彦・寺崎昌男・松平信久ほか（1988）『教師のライフコース研究――昭和史を教師として生きて』東京大学出版会。
   - 山﨑準二・小森麻知子・紅林伸幸・河村利和（1990）「教師の力量形成に関する調査研究――静岡大学教育学部の8つの卒業コーホートを同一対象とした1984年調査及び1989年追跡調査の結果の比較分析報告」『静岡大学教育学部研究報告人文・社会科学篇』41, pp. 223-252。
2) 高井良は，グッドソンやサイクスらの提唱するライフヒストリー法を基盤とした教職経験の振り返りに関する研究について，その意義を認めている。以下参照。
   - 高井良健一（1994）「教職生活における中年期の危機――ライフヒストリー法を中心に」『東京大学教育学部紀要』34, p. 326。
   - Goodson, I. F. ed. (1992) *Studying Teacher's Lives*, Routledge.
3) 権藤敦子（2005）「実践者と研究者を結ぶ鍵――ポートフォリオと自分史」『音楽教育実践ジャーナル』3(1), 日本音楽教育学会, pp. 80-81。
4) この定義は山﨑の解釈である。以下参照。
   山﨑準二（2002）『教師のライフコース研究』創風社, p. 13。
   原典は以下の通りである。
   Elder, G. H. (1978) "Family History and The Life Course," in T. K. Hareven ed., *Transitions: The Family and the Life Course in Historical Perspective*, Academic Press, p. 21.
5) 山﨑，前掲書，p. 18，註4参照。
6) 同上，p. 29。
7) 文部科学省（2004）「教員のライフステージと研修」
   http://www.mext.go.jp/a_menu/shotou/kenshu/001.pdf. 参照。
8) 公立学校の教諭（幼・小・中・高の校長・園長，教頭以外の教員）等としての在職期間がおおむね10年に達した者に対して，各都道府県教育委員会等が実施する法定研修。全員一律の内容や方法によるのではなく，個々の教員の能力，適性等に応じた研修が行われる点に特色がある。
9) 高井良健一（2006）「生涯を教師として生きる」『新しい時代の教職入門』有斐閣，pp. 103-126。

10) 山﨑，前掲書，p. 13，註4参照。
11) Huberman, M. (1989) "The Professional Life Cycle of Teachers," *Teachers college Record*, 91(1), Fall, pp. 31-57.
12) 山﨑，前掲書，pp. 136-138, pp. 165-168, 註4参照。これを筆者が要約した。
13) 斎藤隆（2008）「現場の音楽科教師に哲学は必要か――音楽の授業に潜む呪縛の本質」『音楽教育実践ジャーナル』5(2)，日本音楽教育学会，pp. 44-45を筆者が要約した。
14) 例えば高井良は前掲書（pp. 114-117, 註9参照）において，このような危機に陥ったY教師の事例を詳細にわたって紹介している。
15) 高井良，前掲書，p. 114，註9参照。
16) 金井壽宏（2002）『働く人のためのキャリアデザイン』PHP研究所，p. 209。
17) 本章で事例を提示したE教師も，子どもの怪我という事件において，リアリティ・ショックを経験している。
18) 木原成一郎（2007）「初任者教師の抱える心配と力量形成の契機」グループ・ディダクティカ編『学びのための教師論』勁草書房，pp. 29-55。
19) 吉崎静夫（1998）「一人立ちへの道筋」浅田匡・生田孝至・藤岡完治編『成長する教師　教師学への誘い』金子書房，pp. 162-173。
　　この研究は，ケーガン（D. M. Kagan）が40件の研究をレビューして提唱した「初任教師の特徴」と，佐藤が示した「初任教師の抱える問題点」と吉崎本人の調査結果を総括したものであるため，過去の多数の研究を集積したものといえる。以下参照。
　　・Kagan, D. M. (1992) "Professional growth among preservice and beginning teachers," *Review of Educational Research*, 62(2).
　　・佐藤学（1989）『教室からの改革――日米の現場から』国土社，pp. 178-180。
20) 山﨑，前掲書，pp. 18-19, 註4参照。
21) 高井良，前掲書，p. 110，註9参照。
22) 同上，p. 114。
23) 山﨑，前掲書，p. 37, 註4参照。
24) 山﨑もこのような方法でインタビューを行い，事例的考察を行っている（山﨑，前掲書，pp. 41-42，註4参照）。
25) 山﨑，前掲書，p. 41, 註4参照。
26) Goodson, Ivor & Sikes, Pat (2001) *Life History Research in Educational Settings: Learning from Lives*, Open University Press. （グッドソン／サイクス著，高井良健一・山田浩之・藤井泰・白松賢訳（2006）『ライフヒストリーの教育学――実践から方法論

まで』昭和堂。)
27) 井上雅彦（2004）「高等学校国語科における授業デザインに関する一考察——ある学習者の言葉の学びと生活背景との関連をもとに」『日本教科教育学会誌』27(2)，日本教科教育学会，p.9。
28) 中野卓・桜井厚(1995)『ライフヒストリーの社会学』弘文堂，p.69。
29) 高井良健一（2007）「教師研究の現在」『教育学研究』74(2)，日本教育学会，p.253。
30) グッドソン／サイクス著，高井良ほか訳，前掲書，p.47，註26参照。
31) 一例として，高井良の前掲書，註2参照。

第Ⅱ部

音楽科授業に表れる
教師の力量に関する事例研究

第4章
音楽科授業における教授行為

　第2章で述べた通り，第Ⅱ部では音楽科授業における教授行為に着目し，プラグマティックな手法によって授業中の教師の思考を探る。山田の理論を援用し，教授行為を手がかりにその教師がどのような思考をしながら授業づくりを進めたかについて逆向きに辿り，それを抽出するといった方法を採用している。そのような思考抽出の前段階として第4章では，教授行為そのものに焦点をあてて論究する。

　音楽科における教授行為研究に関して八木は次のように指摘している。

　　「指示だけでなく，範唱，範奏，発問，説明，助言などの教授行為は，これまで音楽科では正面から取り上げられることはなかった」[1]。

　八木はさらに，教授行為は「すぐれて理論的な研究対象なのである[2]」とも述べている。八木の言葉からも，音楽科における教師の力量形成の観点から教授行為の研究に着手する意義を見いだすことができる。そこで本章では，小学校において実践の創造性と水準の高さを評価されている優秀な熟練教師と，教師歴2年未満の新人教師の音楽科授業を，教授行為の観点から比較することにより，彼らの実践的な力量の違いを検討する。

　第1節では，音楽科授業で見られる教授行為を，その特徴から分類して提示する。第2節では，事例調査の方法と内容に関して論じる。第3節では，音楽科授業における新人教師と優秀な熟練教師の教授行為の差異について考察する。第4節では，熟練教師の教授行為から導かれた，音楽科授業における教師の力

量形成への示唆について述べる。

第1節　音楽科授業に見られる教授行為

　音楽科授業に見られる教授行為の種類は，様々なものが考えられるが，本研究では大きく四つのカテゴリー（「言葉による働きかけ」「音楽を通した働きかけ」「体を使った働きかけ」「その他の働きかけ」）に分けて，主なものを以下のように定義づける。[3]

〈言葉による働きかけ〉
指示：授業者から児童に向けて発せられる指図・要請
　　例）「最初から全部，母音で歌ってみて」「座りましょう」
発問：授業者が児童の思考を促すような問いかけをすること
　　例）「Aの歌い方とBの歌い方はどこが違いますか」
説明：児童にとって未知の概念を，すでに知っている言葉に置き換えて述べること
　　例）「お母さんが電話をする時のような声，分かるかな。そんな声で歌うと響くよ」
確認：授業を展開する上で，授業者と児童が共通に認識しておく事項を確かめること
　　例）「第1パートを歌う人は誰？」
評価：児童の発言・行為に対し称賛・承認等を通して値うちづけをすること[4]
　　例）「うまい。今の声，とても明るい響きになってきた」
相づち：児童の発言・行為を授業者が受け止めていることを示すこと[5]
　　例）「うん。そう。○○と感じたんだね」
指名：挙手して発言・行為の意思表示をしている児童，あるいは任意の児童を授業者が指し，何らかの要請をすること[6]
　　例）「○○さん。じゃあ，今のところ歌ってみて」

ジョーク：その場の雰囲気を和らげる，切れかかった児童の集中力を取り戻す等の目的により教師が冗談をいうこと
　　例）「『好きだから』と歌っているから，歌い方にスキがあるぞ」
〈音楽を通した働きかけ〉
範唱：授業者自身が歌うことによって，歌い方の説明をすること
範奏：授業者自身が演奏することによって，その奏法等を説明すること
伴奏：伴奏すること
指揮：指揮すること
手拍子：テンポや拍節等を示すため，児童の歌・演奏に合わせて授業者が手を打つこと[7]
一緒に歌う：授業者が何の指示・説明も行わず，児童の歌声に合わせてただ一緒に歌うこと[8]
〈体を使った働きかけ〉
身振り：授業者が体の一部あるいは全体を使って説明を行うこと
　　例）ピッチの高低を手で示す（ハンドサイン），行進することによってテンポ感を表現する　等
表情：曲のイメージ，歌い方等を表情によって児童に伝えること[9]
視線：授業者が意図したことを，言葉でなく視線によって児童に伝えること[10]
〈その他の働きかけ〉
教材提示：教材を提示すること
　　例）模造紙に書いた楽譜を提示する。その時，歌い方の強弱を考えさせたいような箇所の強弱記号をあえて記さずに提示する　等
板書：板書すること
手を出さない：授業者が指示や説明等を行いたいと感じながらも，児童の気づきを気長に待つ等，何らかの意図によりあえて働きかけないこと[11]
その他：上記以外の働きかけ

第2節　調査の概要

（1）　調査の対象者

　調査の対象者として，熟練教師と新人教師をそれぞれ2名ずつ合計4名，次の方法で選抜し調査を依頼した。熟練教師は，25年以上の教職経験を持ち，その実践の創造性と水準の高さにおいて優秀さを評価され，その小学校はもとより，地域の教師グループの間においても相当な指導的役割を果たしている教師を選抜した。また新人教師は，教職経験2年以内の教師を選抜した。

　各教師の簡単なプロフィールを以下に示す。

　　A：熟練教師，女性，教職経験33年
　　B：熟練教師，男性，教職経験28年
　　C：新人教師，女性，教職経験1年3ヶ月
　　D：新人教師，男性，教職経験3ヶ月

（2）　調査の対象となる授業形態

　八木によれば，音楽科授業の形態は次の四つのモデル「①合唱団モデル，②ふしづくりモデル，③授業書モデル，④創造的音楽学習モデル」[12]に分類されるという。これら授業モデルそれぞれの詳細について，ここでは詳しく触れないが，本調査では八木のいう「もっとも一般的で多く実践されている合唱団モデル」[13]に授業形態を統一して調査を行うこととする。

（3）　調査する授業の対象学年

　児童の発達的特性から考えて，二部合唱を導入した歌唱表現，様々な楽器を用いた器楽アンサンブル等，多様な音楽的表現を身につけることが望まれる4年生以上を対象とすることとした。

（4） 授業者へ事前に知らせる事項

　調査を行う前に，授業者に知らせる事項を統一しておくことも，正確な調査結果を得るため必要となる条件であろう。授業者Aには研究の目的まで克明に知らせ，授業者Bには調査の方法すら知らせないというようなことを行った場合，明らかに調査データに誤差が生じると予想されるからである。

　そこで本調査では事前に，以下の3点を共通事項として，どの授業者にも知らせることとした。

　① 授業のねらい・展開（学習活動の流れ）のみを記した指導略案を作成すること（授業者本人が考案し作成すること）
　② 授業に関して，「対象学年は4年生以上」「教材は自由」「形態は合唱団モデル」とすること
　③ 事前に教授行為を考案・準備しておかないこと

　本研究においては，教師が授業中，瞬間的にどのような教授行為をとるかを比較することをねらっている。もし，事前に入念な教授行為の準備がなされ，その通りに授業が展開されたとしたら，それは教師の授業計画力の比較となることが予想され，本稿の研究テーマにはそぐわない。したがって③のような事項を確認しておくこととした。

（5） 調査された実際の授業

　調査された実際の授業の概要は，以下の通りである（表記は，授業者の指導略案に従った）。

〈熟練教師Aの授業〉
対象学年：5年生
授業のねらい：・声の響きを感じながら二部輪唱を完成させる
　　　　　　　・ブレス，運指に留意しながら，「友よ」のリコーダー奏を完成させる
学習活動：①「よがあけた」を歌う

　　　　② 「静かな湖」を歌う
　　　　③ ボイスパーカッションをする
　　　　④ リコーダーで「友よ」を演奏する
　　　　⑤ 「タントンプー」をリコーダーで演奏する

〈熟練教師Bの授業〉
対象学年：5年生
授業のねらい：・高音域の歌い方・リズムにのって言葉をいかした歌い方を身
　　　　　　　　につけさせる
　　　　　　　・アンサンブルをしたり聴いたりして，友だちと合奏すると，
　　　　　　　　楽しく演奏ができることを体感させる
学習活動：① 既習曲「おはよう」を歌う
　　　　　② リズム遊びをする
　　　　　③ 「明日は晴れる」を歌い深める
　　　　　④ 合奏練習（「故郷の人々」）を行う
　　　　　　・今日の合奏のめあての確認，指揮者選出
　　　　　　・各自，自分の選んだ楽器のところへ移動し練習をする
　　　　　　・指揮者を中心としたアンサンブルメンバーの選出
　　　　　　・選ばれたメンバーでの演奏
　　　　　　・全員で「故郷の人々」を合奏する

〈新人教師Cの授業〉
対象学年：5年生
授業のねらい：自分たちのクラスの思い・特色が出た二部合唱をつくらせる
学習活動：① 前回の反省点を振り返る（前回録音した自分のクラスの合唱を
　　　　　　　MDで聴き，各クラスからのメッセージを確認する）
　　　　　② めあての確認をする「3組にしかないCDをつくろう」
　　　　　③ MD伴奏で「君をのせて」を歌う

④ 教師の範唱を聴く（第2パートを1番だけ）
⑤ 合唱する
⑥ 合唱の録音を聴く
⑦ 録音を聴いた感想を発表する
⑧ 2組の録音テープを聴く
⑨ 次時のめあてを知る

〈新人教師Dの授業〉
対象学年：4年生
授業のねらい：音の特徴や音色の違いを感じ取って，奏法や歌唱表現を工夫させる
学習活動：① 前時の学習を振り返る
② 本時の学習のめあてをつかむ
③ 楽器を選び，リズムを考えながら自由に演奏してみる
④ 歌と伴奏に分かれて，曲に合わせて演奏してみる

（6）調査データの収集・分類方法

　データを収集するため，前述した4名の授業をVTRにとった。そしてその授業VTRを基に，教授行為に関する記録を作成した。この際，児童に対する働きかけ全てを教授行為と見なすこととし，授業者の言葉については逐語録を採用した。ただし，その言葉単独では授業場面がイメージできない，真意が伝わりにくい等の場合は，括弧を用いて補足説明を加え掲載することとした。
　また，授業者の表情や視線，仕草等，所作の細部にわたっても可能な限り記録することに努めた。
　次に，上記のようにして集約したデータを基に，教授行為の分類を試みた。分類に際しては，第1節で示した定義を指針とし，以下の二つの点を考慮した。

① 一つの教授行為に複数の機能が存在する場合，効力の最も強いものを優先

させて考えることとした。
　このことについて詳しく述べる。先行研究によれば，発問の機能を持つ指示が存在するという。これを発問的指示と呼ぶ。この発問的指示について篠原は以下のように例示している。

　　「先ほど説明したリズムはどこに使われているのか，先生のピアノ演奏を聴いて見つけなさい。」

　この例にあるような教授行為は，行動を示す指示の機能と，思考を促す発問の機能の両方を併せ持っていると考えられる。
　ここで一つの疑問が生まれる。これは指示なのか，発問なのかということである。八木，篠原らによれば，このような発問的指示は指示的機能よりも発問的機能の方が強いと解釈されており，本研究でも同様の立場をとる。
　この例のように，一つの教授行為に複数の機能が存在すると推察される場合，効力の最も強いと思われるものを優先させて考えることとした。

② 一つの場面に連続してとられた教授行為は，その全てをカウントすることとした。
　このことについて詳しく述べる。授業中，複数の教授行為が連続してとられる場面がある。次のような場面である。

> 　教師は子どもの歌声に対し「そう。これで勢いが出てきた」といい，「つまり，前へ前へ（いくように歌うんだ）」といった後，前のめりな走り方を演じてみせる。

　この場合，教授行為として，子どもの歌声に対して「そう。これで勢いが出てきた」という「評価」が行われ，「つまり前へ前へ（いくように歌うんだ）」という歌い方の「説明」，さらに「前のめりに走る」という「身振り」が行われたことになる。この「評価」「説明」「身振り」の三つの教授行為は途切れる

第Ⅱ部　音楽科授業に表れる教師の力量に関する事例研究

ことなく，一つの場面で連続的に生じているのである。つまりこの例の場合，教師が児童に働きかける場面数は二と数えられるが，教授行為数は3となる。よって，教師の働きかけ場面数と教授行為数は，数的に一致しないものとなる。本研究では，このような解釈を用い分類することとした。

第3節　新人教師と熟練教師の教授行為の違い

（1）　働きかけ場面数と教授行為数

　教師の働きかけ場面数と，教授行為数に関する調査結果を，表4-1～4-4として提示する。

　表4-1は，熟練教師Aが1教授行為をとった場面が80，2連続教授行為をとった場面が52（つまり教授行為数は，2×52＝104となる），3連続教授行為をとった場面は8（つまり教授行為数は，3×8＝24となる）であったことを表している。

　また「割合」とは，1教授行為をとった場面は全体の57％，2連続教授行為をとった場面は37％，3連続教授行為をとった場面は6％であったことを示している（小数第1位を四捨五入して％表示した。割合の合計は，考察に影響しないので空欄とした）。他の教師も同様に見る。

① 教授行為の総数

　表4-1～4-4に見る通り，教授行為の総数は，熟練教師Aが208，熟練教師Bが142，新人教師Cが69，新人教師Dが130となっている。熟練教師Aの教授行為総数が多く，新人教師Cは少ないことが確認できる。

② 1場面の教授行為数

　次に，1場面に発生した教授行為数の割合を見ていくこととする。新人教師Cは一つの働きかけ場面に1教授行為をとる割合が90％と，他の教師に比べて高いことが理解できる。

第4章 音楽科授業における教授行為

表4-1 働きかけ場面数と教授行為数:熟練教師A

	働きかけ場面数	教授行為数	割合
1教授行為	80	80	57%
2連続教授行為	52	104	37%
3連続教授行為	8	24	6%
合計	140	208	

＊2連続教授行為,3連続教授行為とは,一つの働きかけ場面に教授行為が2連続,3連続で生じたことを示している。

表4-2 働きかけ場面数と教授行為数:熟練教師B

	働きかけ場面数	教授行為数	割合
1教授行為	59	59	61%
2連続教授行為	31	62	32%
3連続教授行為	7	21	7%
合計	97	142	

表4-3 働きかけ場面数と教授行為数:新人教師C

	働きかけ場面数	教授行為数	割合
1教授行為	55	55	90%
2連続教授行為	4	8	7%
3連続教授行為	2	6	3%
合計	61	69	

表4-4 働きかけ場面数と教授行為数:新人教師D

	働きかけ場面数	教授行為数	割合
1教授行為	62	62	65%
2連続教授行為	31	62	33%
3連続教授行為	2	6	2%
合計	95	130	

　また4人を総合的に見ると,熟練教師は1場面に3連続教授行為をとる割合が若干高いと理解することもできる。
　連続的な教授行為には,「児童に教師の意図を繰り返して示し確実に把握させる」というねらいが潜んでいることが推察される。今回調査した熟練教師も,

そのようなねらいを持って連続的な教授行為をとったと考えることもできよう。
　ただし，働きかけ場面数や教授行為数は，児童の発言の長さや教師が手を出さず待つ時間の長さ等によって結果が左右される。したがって，このような場面数や教授行為数だけに着目した分析自体，それほど重要な意味を持つものではないとも考えられる。そこで，教授行為の「数」ではなく，「種類」という視点から分析を試みることとする。

（2）　教授行為の種類

　教授行為の種類について検討するため，表4-5〜4-8を提示する（教授行為総数に対する各種類の割合を提示した。割合はパーセントとし小数第1位を四捨五入した。割合の合計は，100％にならないこともあり，考察に影響しないので空欄とした）。
　表4-5〜4-8に見られる通り，教授行為の種類に関しては，熟練教師と新人教師との間に違いを確認することができる。以下，考察していくこととする。

① 指揮と指示

　表4-6に示した熟練教師Bの教授行為において，「指揮（伴奏）」という項目を設定した理由は，授業VTRを見る限り「指揮」と「伴奏」の識別が困難であったためである。教師Bは，児童に対峙する形でオルガン伴奏を行いながらも，常に首や肩あるいは体全部を駆使して指揮を行っているのである。このことは指揮者のいない少人数のアンサンブル等において，リーダーが演奏者と指揮者の両方の役割を兼ねている例と酷似している。前節の考慮事項に従えば，機能的に効力の強い教授行為を優先させるため，ここでは，教師Bの伴奏は指揮としての意味合いが強いと判断し「指揮（伴奏）」と表記することとした。
　上記のことを踏まえて，指揮の項を見てみると，熟練教師A，Bはそれぞれ9％，16％となっている。それに対して，新人教師はC，Dとも0％という結果である。
　曲を仕上げる過程において，指揮が必要な段階，必要としない段階等，様々

第4章 音楽科授業における教授行為

表4-5　熟練教師A

教授行為	数	割合
指示	50	24%
評価	30	14%
説明	25	12%
指揮	19	9%
指名	18	9%
伴奏	13	6%
範唱	12	6%
相づち	7	3%
手を出さない	7	3%
発問	5	2%
板書	4	2%
確認	3	1%
ジョーク	3	1%
身振り	3	1%
表情	2	1%
視線	2	1%
範奏	2	1%
その他	3	1%
合計	208	

表4-6　熟練教師B

教授行為	数	割合
指示	33	23%
説明	25	18%
指揮（伴奏）	23	16%
評価	16	11%
範唱	14	10%
身振り	10	7%
手を出さない	5	4%
確認	4	3%
視線	3	2%
教材提示	2	1%
発問	2	1%
表情	1	1%
ジョーク	1	1%
手拍子	1	1%
その他	2	1%
合計	142	

表4-7　新人教師C

教授行為	数	割合
説明	27	39%
指名	8	12%
一緒に歌う	7	10%
指示	6	9%
発問	4	6%
確認	2	3%
教材提示	2	3%
範唱	2	3%
伴奏	2	3%
範奏	1	1%
評価	1	1%
その他	7	10%
合計	69	

表4-8　新人教師D

教授行為	数	割合
説明	27	21%
指示	24	18%
相づち	10	8%
指名	10	8%
一緒に歌う	8	6%
確認	8	6%
範奏	7	5%
評価	7	5%
手を出さない	6	5%
発問	6	5%
板書	3	2%
身振り	3	2%
表情	2	2%
視線	1	1%
その他	8	6%
合計	130	

な段階が考えられるので一概に論じることはできないが，この数字や授業VTRを見る限り，熟練教師は児童に対し指揮という形で表現の要請を頻繁に行っていることが理解できる。

　他方，「指示」の割合を見てみると，熟練教師はA，Bともに教授行為の第1位としてあがっており，その割合はAが24％，Bが23％である。それに対して新人教師はCが9％，Dが18％となっている。指示も指揮と同じく学習者に対する要請としての教授行為である。このことから考え，指揮と指示を合わせた要請としての教授行為を検討すると，熟練教師は，Aが33％，Bが39％，新人教師はCが9％，Dが18％となる。結果から，熟練教師の方が新人教師に比べて，児童に対する表現や活動の要請を行う頻度が高いことが理解できる。

　合唱団モデルの授業形態において，指揮や指示は児童の演奏や歌の技量を高める上で重要な役割を果たすものである。それが総合的に行われる頻度が高いということは，熟練教師が活動の要請を多く行うことで児童を学習の主体とし，

彼らの音楽的技量を高めようとしている証左と考えることもできよう。
　いずれにせよここでは，熟練教師の方が活動の要請としての教授行為を多くとっていることを確認しておきたい。

② 教師の歌い方
　「一緒に歌う」という教授行為の割合を見てみると，新人教師はＣが10％，Ｄが６％という値を示しているのに対して，熟練教師はＡ，Ｂ両者とも０％である。
　一方，「範唱」に関しては，熟練教師Ａ，Ｂは６％，10％となっているが，新人教師Ｃ，Ｄは，３％，０％となっている。
　この結果から，教師が歌う時，新人教師は指示性，説明性の低い「一緒に歌う」を選択することが多く，熟練教師は「範唱」つまり歌うことで児童に示唆を与えようとしていることが窺える。
　一緒に歌うことは，児童に安心感を与えたり教師とのつながりを感じさせたりする点で，効果的な教授行為と考えられる。しかしながら一方で，一緒に歌うという行為には，例えば教師が歌わず集中して児童の声に耳を傾けるといった営みに比べると，状況把握が困難になりがちであるといった危険性も内包されているのである。すなわち，単に一緒に歌うだけで児童の状況を把握しないままの指導を展開することは，教師の一方的な授業進行であるとも考えられ，その点にも新人教師と熟練教師の力量の差異を垣間見ることができるのである。
　今回調査した熟練教師は，範唱によって歌い方の指針を示し，その後は一緒に歌うのではなく，児童の歌声に耳を傾けることに集中し，次の評価，指示等を探るというような指導をしていた。授業において，熟練教師のクラスの歌声がより生き生きとしてきた理由は，このような点にあったと捉えることもできるであろう。

③ 説　　明
　「説明」の割合を見てみると，熟練教師Ａ，Ｂはそれぞれ，12％，18％であ

るのに対し、新人教師C、Dは39％、21％となっている。熟練教師の方が言葉としての説明を行う割合がやや低いことが窺えるが、教師Cを除けば両者間に差異はほとんど生じていないようにも見受けられる。そこで数的にではなく、質的に熟練教師と新人教師がどのような説明を行っているか検討するため、以下に例を提示する。

　熟練教師A：「もっといい顔になったら声もよくなる」と説明し、「『こーこけこっこ』（範唱し）、こうやね（目を大きく開いた表情をする）。楽しそうにやってよ。さんはい」といって、歌わせる。

　新人教師C：「2組がいいこといってくれてるの。『うー』のハミングのところ、口を開けてって、前、確認したよね。まだ口を閉じてる人は開けてください。『父さんがー』っていうところは、音程（高）をはっきりしないとだめなんだって。歌詞のところは、音程（高）をはっきり出さないと、何を歌っているか分からない。1組の人もいってたんだけど、音の高い人、低い人、もうぐっちゃぐちゃになって、ジャイアン状態」という。

　これらは、両者とも歌い方の説明を行っている場面である。熟練教師は説明に短い言葉を使用し、逆に新人教師は長い言葉を用いていることが分かる。熟練教師は「表情と歌声の関係」の1点だけに焦点を絞り説明を行っているのに対し、新人教師は「口の開け方」「音程（高）」等、複数のことが説明の対象となっていることが読み取れる。
　このことから熟練教師は、多くの研究者や実践家によって有効性を指摘されている「説明を行う時に内容を1点に絞る」[17]ことに従っていることが理解できる。また熟練教師は言葉だけでなく、表情、範唱を併用して説明しているのに対して、新人教師は言葉のみである。
　このように、熟練教師は説明を行う際より的確で分かりやすい、児童の実態に即した方法を選択していることが理解できる。ここでは一例を提示するにと

どめるが，的確な説明をする能力に関して，新人教師と熟練教師における質的な差異は他にも多数確認することができた。

④ ノンバーバルな働きかけ

教師が，何を通して働きかけているのか，ということについて，その傾向を見ることとした。その結果を表4-9として示す（割合は％，小数第1位を四捨五入した。したがって合計は，100％となるとは限らない）。

表4-9 何を通して働きかけているか

教授行為	熟練教師A	熟練教師B	新人教師C	新人教師D
言葉による働きかけ	68％	57％	70％	71％
音楽を通した働きかけ	22％	27％	17％	12％
体を使った働きかけ	3％	10％	0％	5％
その他	7％	6％	13％	13％

ここでは，ノンバーバル・コミュニケーションとしての音楽科の教科的特性から，音楽を通した働きかけと体を使った働きかけの割合を合わせて検討する。表4-9から，熟練教師A，Bはそれぞれ，25％（音楽22％，体3％），37％（音楽27％，体10％）であるのに対して，新人教師C，Dは17％（音楽17％，体0％），17％（音楽12％，体5％）となっている。

この結果から，熟練教師の方がノンバーバルな働きかけをしている頻度がやや高いことが分かる。

感情，情景等を音を媒介として表現するという音楽科の特性を考えた時，ノンバーバルな働きかけが熟練教師に多いという事実は，彼らの指導における非言語的な表現力の豊かさを物語っているといえよう。このような能力は，とりわけ年齢の低い子どもたちを対象とした指導にも効力を発揮すると考えられ，情操を育てる上で極めて重要なファクターになり得ると捉えてよいであろう。

⑤ 指示に対する評価の割合

「評価」について，熟練教師A，Bはそれぞれ，14％，11％という割合を示しているのに対して，新人教師はCの1％，Dの5％となっている。このこと

以上に評価に関連する数的な違いが認められたのは,「指示に対する評価」の割合であった(割合は%,小数第1位四捨五入)。

それを検討するため表4-10を提示する。

表4-10 指示に対する評価の割合

教 師	指示の回数	評価の回数	指示に対する評価の割合
熟練教師A	50	30	60%
熟練教師B	33	16	48%
新人教師C	6	1	17%
新人教師D	24	7	29%

表4-10に見られる通り,熟練教師A,Bはそれぞれ60%,48%,新人教師C,Dはそれぞれ17%,29%という結果となっている。この数字から,熟練教師の方が指示に対する評価の割合が高いことが理解できる。

このことは,新人教師は授業中に指示は出すが,それに応じた児童の活動に対してレスポンスを返す頻度が低いということを意味していると考えてよいであろう。つまり新人教師は,いわばやらせっぱなしの指導に陥る危険性が高いことが指摘できるのである。そのような授業の中で児童は,例えば自分の歌声等がよくなったのかどうなのか,その評価も得られないまま,次の指示を受け別の学習活動に移ることを余儀なくされる。このような状況は,児童の学習意欲の低下をもたらし,音楽嫌いを増産させる一因ともなるであろう。

それに比して,熟練教師は指示を出して児童に歌わせるなどした後には,何らかの評価を与えている頻度が高い。熟練教師は,教師の要請に応えた児童の活動に対して何らかの反応を示していることが窺える。熟練教師はこのような,評価表現によって児童の学習意欲を喚起させ,生き生きとした授業を展開していたといっても過言ではないであろう。

すなわち熟練教師は,児童の状況を捉えそれを瞬間的に判断し値うちづけフィードバックする,ということを新人教師よりも強く意識して授業に臨んでいることが理解できるのである。

第4節　熟練教師の教授行為からの示唆

　第3節で述べたように，教授行為の種類に関して熟練教師と新人教師の間で差異が確認された。すなわち，熟練教師は新人教師に比べ的確な「説明」を行い，「指揮と指示」「範唱」「ノンバーバルな働きかけ」を多く用い，児童に活動させた後には「評価」を与える割合が高いことが明らかになったのである。

　このような熟練教師の傾向を，向山の論に注目しながら考察してみたい。向山は，「いって聞かせ，やってみせて，やらせてみて，ほめてやらねば人は動かじ」という言葉を用いながら，技量の高い教師はその言葉にあるような教授行為をとり，特にほめることによって子どもを動かし，豊かな教育を行う（筆者要約）[18]ということを述べている。

　この視点から，熟練教師と新人教師の間で差異のあった教授行為をカテゴライズしてみることとする。「説明」は「いって聞かせ」，「範唱」「ノンバーバルな働きかけ」は「やってみせ」，「指揮と指示」は「やらせてみて」，「評価」は「ほめる」と置き換えることができよう（以下参照）。

「説明」→「いって聞かせ」

「範唱」「ノンバーバルな働きかけ」→「やってみせ」

「指揮と指示」→「やらせてみて」

「評価」→「ほめる」

　前節の考察から，上記の教授行為がより的確で効果的であったのは，熟練教師の方であることが導かれた。これを踏まえると，本研究における熟練教師には高い実践的な力量が備わっていたと理解して間違いはないであろう。

　また，熟練教師・新人教師の間で最も違いが見られた項目は，「指示に対する評価の割合」であった。このことに関して，吉富は次のように述べている。

　「承認，称賛などの評価的言語的教授行動が，学習者に対して正の強化

（望ましい行動が増加・形成・拡張するための手続き）として機能する。[19]」
（括弧内は前後の文脈から考えて筆者が加筆した。）

　この言葉は，「評価」の重要性を端的に表している。例えば，児童が正しいピッチで歌った時，それに対して教師が称賛の評価を与えたとする。その評価に動機づけられ，児童はその歌をさらに正しいピッチで歌おうとしたり，またその歌だけでなく他の歌も正しいピッチで歌おうとしたりすることが予想できる。つまり，児童は教師の評価をきっかけにして，正しいピッチで歌うという音楽的技能を高めていくことが期待できるのである。
　それほどまでに重要な「評価」において，熟練教師と新人教師の間で差異が認められたという結果は，次のようなことを示唆していると受け止められよう。

　「新人教師は，指揮や指示等，『要請としての教授行為』を的確にとる力量を身につけるだけでなく，評価の仕方，つまり『児童の活動に対して教師はどのように応えられるのか』という側面に力点をおいた研鑽を積む必要がある。」

　この一節が導かれたように，音楽科における教授行為研究は教師教育に対して意義のある指針の提示を可能とするであろう。すなわち，教授行為の視点からの研究を定着させることは，音楽科における教師教育に新たなパースペクティブを指し示し，さらにはそこから教師の思考研究への扉が開かれるのである。

註
1）　八木正一（1995）『音楽科授業づくりの探究』国土社，p.109。
2）　同上，p.109。
3）　本研究における教授行為に関しては，八木，篠原，横須賀らの先行研究を参考に，筆者がカテゴライズし定義づけたものである。参考にした先行研究は，以下の通りである。
　　　・八木，前掲書，pp.108-128，註1参照。

・篠原秀夫（1994）『子どもが動く音楽授業づくり』日本書籍，pp.8-18。
・横須賀薫（1990）『授業研究用語辞典』教育出版，pp.94-133。

4) ただし，児童による相互評価・自己評価は含まず，授業者から発せられたものに限定した。
5) 値うちづけを伴わない点で「評価」とは区別した。
6) 個別的に行われる点で「指示」とは区別した。
7) 主にテンポ，拍節，リズム等を示すことのみが目的とされ，音の高低，フレージング等は示されない点で，「身振り」と区別した。
8) 歌い方を示すことに力点が置かれていない点で「範唱」と区別した。
9) 当然ながら全ての教授行為に，教師の「表情」が伴っていると考えられるが，言葉，身振りを使わず顔の所作のみで児童に何かを伝えようとすることを「表情」とした。
10) 全ての教授行為に，教師の「視線」が伴っていると考えられるが，言葉，身振りを使わず目の所作のみで児童に何かを伝えようとすることを「視線」とした。
11) 児童の状況を捉えていながらも，どのように働きかけてよいのか分からず，手が出せなかったということはこの範疇でない。
12) 八木正一（1996）「音楽科における授業システムと授業構成」『音楽科授業実践データベースシステムの開発に基づく体系的授業研究』国立教育研究所，pp.37-39。
13) 八木は次のように述べている。
「合唱団モデルの授業とは，簡単にいえば，教師が目標（表現目標が多い）を設定し，つまり教育内容を設定し，そこへ子どもたちを到達させるために，さまざまな指導を行うという構造をもつ授業である。教科書の指導書の指導計画にそって行われている，いわば一般的な授業も，その骨格においてはこのモデルに属すると考えることができる」（八木，前掲書，p.39，註12参照）。
14) 八木，前掲書，p.115，註1参照。
15) 篠原秀夫（1989）「音楽科教育における言語指導行為の研究（Ⅰ）――指示を中心に」『北海道教育大学紀要』40(1)，pp.104-105。
16) 八木，前掲書，p.115，註1参照。
　　篠原，前掲書，p.104，註15参照。
17) 例えばTOSSなどでは，「一時に一事の指導」として，その有効性が指摘されている。
18) 向山洋一（1984）『子どもを動かす法則と応用』明治図書，pp.27-33。
19) 吉富功修・石井信生・野波健彦・木村次宏・竹井成美・藤川恵子・緒方満（1999）『音楽教師のための行動分析』北大路書房，p.37。

第5章
音楽科授業における教師の思考様式(1)
―― 「状況把握」としての思考 ――

　第1章において，篠原の理論を取り上げ，「教師の力量は音楽科授業中の教師の思考場面に凝縮した形で表れる」ことを提示した。これを基に本研究では，音楽科授業中の教師の思考を手がかりとして，彼らの力量を解明することに取り組む。新人教師と優秀な熟練教師を選定し，彼らの授業中における思考を抽出し比較するといった手法をとる。

　第1章で取り上げた佐藤らの言葉のように，結果として両者の間に表れる思考の差異が力量の差異であるとの立場から，新人教師が優秀な熟練教師として力量形成していくための方向性を模索する。佐藤らの研究では，他人の授業をモニタリングすることで実践的思考を抽出しているが，本研究では，実際に本人が行った授業を対象にして教師の思考を抽出することとする。

　第1節では，調査の概要を分析の視点を踏まえ提示する。第2節では，調査結果を提示し新人教師と熟練教師における状況把握としての思考の差異について論究する。第3節では，熟練教師の状況把握としての思考の特徴から導かれた，音楽科授業における教師の力量形成への示唆について述べる。

第1節　調査の概要

　本章における調査は，第4章で示した四つの授業に対して行われた。調査の対象者，授業形態，授業の対象学年，授業者へ事前に知らせる事項，授業の展開に関しては，第4章で述べた通りであるためここでは説明を省略する。

　本章では，第4章で確認された教授行為場面に対し，教師が何を考えてそれ

に至ったのかについて調査を行った。調査の方法は，第2章に詳しいがここでも触れておくこととする。

　授業中の教師の思考に関して，「再生刺激法（stimulated recall method）」を採用して調査することとした。調査の手順は以下の通りである。

① 調査対象である四つの授業の様子をビデオに収めた。ビデオ記録については，授業者と学習者の相互作用の様子を撮影し，両者の表情あるいは仕草といった細部までもが明確になるよう収録に心がけた。

② 授業後，2時間以内に授業者に録画したVTRを見せた。ビデオを流しながら，児童に対する授業者の働きかけ全てを教授行為と見なし（第4章において結果として提示した全ての教授行為），それが生じる働きかけ場面（第4章の表4-1〜4-4参照）の度にストップモーション[1)]させた。そこで，何を考えてその教授行為に至ったのかという問いかけ（山田の提示するような問いかけ：第2章参照）をして授業者の思考を探った。

③ 上記②の問いかけに対し，授業者が自由に発話したことを教師の授業中の思考として捉え録音し文章化した。自由発話を採用した理由は，その授業者固有の視点を浮き彫りにするためである。

④ 以上のようにして抽出された教師の思考を，状況把握としての思考（本章），判断としての思考（第6章），（教授行為の）選択としての思考（第6章），の三つの観点から分析した。

⑤ 調査結果や考察において思考の例を記載する場合，上記③に示した記録を可能な限り忠実に提示することに努めた。ただし，その文単独では授業場面がイメージできない，真意が伝わりにくい等の場合は，括弧を用いたりニュアンスを強調したりして補足説明を加えることとした。以下にその例を示す。

「飽きているので，ビデオに向かってといったら気合いを入れてやれる」
（実際の発話）
↓

「(合奏に)飽きているので,ビデオ(カメラ)に向かって(演奏してみよう)といったら気合いを入れてやるだろう」(補足説明・強調を加えた記述)

また,癖のある話し言葉のため難解であったり,同じ内容が断続的に表れたりする等,そのまま文字として記載すると分かりにくくなる場合は,内容を解釈し本来の意味を損なわないようまとめ直し要約して掲載した。その場合は,引用の末尾に「(筆者要約)」と示すこととした。

第2節 新人教師と熟練教師の「状況把握としての思考」の違い

(1) 教師が児童の状況を捉える力

音楽科授業における教師の状況把握としての思考は,前時までの児童の状況に関する内容と,授業中の(瞬間的な)児童の状況に関する内容に大別できた。
まず,教師が前時までの児童の状況を捉えた思考をしているかということを見ていくこととする。その結果を表5-1として示す。

表5-1　前時までの状況把握

教師	前時までの児童の状況を捉えた思考が生じた場面	不明	合計(教師の働きかけ場面の総数)	割合
熟練教師A	4	136	140	3%
熟練教師B	2	95	97	2%
新人教師C	1	60	61	2%
新人教師D	0	95	95	0%

表5-1に示した合計の欄は,前章で示した教師の働きかけ場面の総数(第4章の表4-1〜4-4参照)である。熟練教師Aの例を見ると,140の働きかけ場面を振り返った時,4場面について「前時までの児童の状況を捉えた思考」が生起したことを窺わせる発話をしている。例えば次のような発話である。

「パルス感が前回よりも身についている。」

つまり，前回までの状況把握に触れた内容が含まれているような発話である。このような発話が関与している場面を全てカウントすると，それは4存在したということである。残りの136場面については，そのような発話の関与は不明である。そこで，この4場面において，前時までの児童の状況を捉えた思考が生起したと捉え，教師の働きかけ場面の総数に対する割合を算出すると3％（小数第1位四捨五入）となった。熟練教師Aは全教授行為の3％において，前時までの児童の状況を捉えた思考を働かせたと考えられる。

他の教師も同様に見た時，熟練教師Bは2％，新人教師C，Dはそれぞれ2％，0％という割合であった。この結果から，熟練教師，新人教師とも前時までの児童の状況をほとんど想起せず，教授行為に至っていることが分かる。

そこで次に，教師は授業中におけるその瞬間の児童の状況を捉えた思考をしているか検討することとする。その結果を表5-2として示す。

表5-2 その時の状況把握

教師	授業中において，その瞬間の児童の状況を捉えた思考が生じた場面	不明	合　計（教師の働きかけ場面の総数）	割合
熟練教師A	131	9	140	94％
熟練教師B	85	12	97	88％
新人教師C	36	25	61	59％
新人教師D	61	34	95	64％

前時までの状況把握とは異なり，その時の状況把握に関しては，熟練教師と新人教師の間に差異が見られた。表5-2の通り，「働きかけ場面の総数」に対する「その瞬間の児童の状況を捉えた思考が生じた場面」の割合は熟練教師A，Bそれぞれ，94％，88％と高いことが分かる。それに対して新人教師C，Dは，59％，64％という割合を示している。

この結果から，熟練教師は新人教師に比べて，瞬間的に児童を捉える力において秀でていることが理解できる。前時までの状況把握に関しては言及の少なかった熟練教師も，その瞬間の状況把握に関しては，多くの働きかけ場面に関与する発話をしている。この結果から，優れた熟練教師の力量は瞬間的な状況

把握の思考となって生起していることが窺える。このような瞬間的な状況把握は行為の中の省察の起点であると考えられ，それを熟練教師の方が多く生起させている点に，彼らの優秀さが垣間見える。

　以上のことを質的にも検討してみることとする。熟練教師と新人教師に分けて，思考の傾向が顕著に表れた例を以下に提示する。

〈熟練教師〉
「(児童の歌声がリズムにのりきれていない場面で) 伴奏によって歌わされている。自分たちで本当にリズムをとっていないな」
「(児童の歌声に張りがなくなった場面で) 少し，シンコペーションが難しいか」
「(歌い方の説明をＢ君が発表している時に) Ｍ君の集中力が途切れてきた」
「歌(の練習)が少し長くなっているので，しんどそうな子はいないか。(見まわして) もう少しいけるな……」

〈新人教師〉
「(感想をいうために) 挙手する子が多いなぁ……」
「(児童が演奏する場面で) 実際元気がないなぁ……」
「(児童が座りながら歌う場面で) 座ってるからのりきれないのかな」
「(児童が全員で歌っているところへ，教師が近づいていく場面で) 私が近くにいったら，歌い始める子がいるな」

　以上の例にあるように，熟練教師は豊かな表現で具体的に思考しているのに対して，新人教師は「かな」「(だ)なあ」等，児童の状況を確信を持って捉えられていないことが分かる。また，熟練教師は能動的に児童の状況を捉えようとしているのに対して，新人教師は受動的であることも窺える。さらに，熟練教師は様々な幅広い視点から，児童の細部までを的確に捉えていることも理解できる。

このことをさらに詳しく検討するため，次項で「教師はどのような視点で児童の状況を捉えているのか」ということについて見ていくこととする。

（2） 状況把握の視点

分類の結果，調査対象の熟練教師と新人教師には，三つのカテゴリーに分類される状況把握の視点が見られた。以下に例をあげ説明する。

① 音楽科の教育内容に関する視点：「楽譜通りのリズムになっていない」「シンコペーションが難しいか」等，音楽科の教育内容に関する視点で児童の状況を捉えている

② 関心・意欲・態度に関する視点：「どんな様子（態度）でテープを聴いているだろう」「〇〇君の集中力が途切れてきた」等，関心・意欲・態度に関する視点で児童の状況を捉えている

③ 学級経営・授業経営に関する視点：「（クラスのみんなが）意識し始めたな」「授業の雰囲気づくり」等，音楽科以外の学習にも関係する，学級経営や授業経営に関する視点で児童の状況を捉えている

これらの詳細について見ていく。

① 音楽科の教育内容に関する視点

教師が，音楽科の教育内容に関する視点で児童の状況を捉えた場面を，表5-3として示す。

表5-3 音楽科の教育内容に関する視点

教師	音楽科の教育内容に関する視点で児童の状況を捉えた場面	不明	合　計（教師の働きかけ場面の総数）	割合
熟練教師A	97	43	140	69%
熟練教師B	70	27	97	72%
新人教師C	22	39	61	36%
新人教師D	35	60	95	37%

表5-3に見る通り，熟練教師A，Bは，69％，72％であるのに対し，新人教師C，Dは，36％，37％である。熟練教師の方が頻繁に，音楽科の教育内容に

関する視点で児童を捉える思考をしていることが理解できる。
　思考の実例を以下に示す。

〈熟練教師〉
「(歌声の)『ま(二点D)』の音が,響き始めた」
「『う』(母音)の発声が浅い」
「今治すのは音程(高)か,発声か」
「歌い出しの表情はよくなったか」

〈新人教師〉
「(歌に関する児童の発言が)同じ意見ばかりだ」
「第1パートの歌い方がよくない」
「演奏がばらばらだ」
「D児は演奏の工夫をしているなあ」

　以上の例からも,熟練教師は音楽科の教育内容に関する様々な視点から的確に状況把握をしていることが分かる。とりわけ,「(歌声の)『ま(二点D)』の音が,響き始めた」「『う』(母音)の発声が浅い」等,細部にまで留意しながら児童の状況を捉えていることが理解できる。また,「今治すのは音程(高)か,発声か」「歌い出しの表情はよくなったか」等に見られるように,瞬時の音の聴き分けや,児童の表情の見分けを自らに課していることが窺える。それに対し,新人教師は「演奏がばらばらだ」「同じ意見ばかりだ」等に見られるように,熟練教師に比べると具体的な視点が定めきれていない。
　音楽科の教育内容に関する視点で状況把握をしているということは,授業のねらいが音楽的に定まっている証であり,このような点においても熟練教師の優れた力量が浮かび上がってくるのである。

② 関心・意欲・態度に関する視点

教師が，関心・意欲・態度に関する視点から児童の状況を捉えた結果を，表5-4として示す。

表5-4 関心・意欲・態度に関する視点

教師	関心・意欲・態度に関する視点で児童の状況を捉えた場面	不明	合　計（教師の働きかけ場面の総数）	割合
熟練教師A	47	93	140	34%
熟練教師B	20	77	97	21%
新人教師C	7	54	61	11%
新人教師D	14	81	95	15%

表5-4に見る通り，熟練教師A，Bはそれぞれ，34%，21%であるのに対し，新人教師C，Dは11%，15%である。熟練教師の方がやや頻繁に，関心・意欲・態度に関する視点で児童を捉えた思考をしていることが理解できるものの，数的には大きな差異ではないとも捉えられるため，質的に詳しく見ることとする。実際の思考の例は以下に示す通りである。

〈熟練教師〉
「(A，B二つの演奏例のうち，どちらがよいかを児童に発表させる時に) 自らの判断で意思表示しようとしていない児童がいる」
「(授業の始まりに) この授業に臨む心構えはできたか」

〈新人教師〉
「(教材提示をした時) この歌を歌いたいという気持ちがあるな」
「(歌う前に)『頑張れ』という子がいるなあ」

この例のように，関心・意欲・態度に関する視点においては，質的にも両者の顕著な差異を確認することができない。ただし，熟練教師は例にあるように「授業の心構え」や「児童の意思表示」に注目しているが，新人教師にはその視点が見られなかった。また，新人教師は児童の意欲を見てはいるものの，

第5章　音楽科授業における教師の思考様式(1)

「『頑張れ』という子がいるなあ」「歌いたいという気持ちがあるな」等，児童をやや傍観的に捉えていることが理解できる。

③ 学級経営・授業経営に関する視点

　教師が，学級経営や授業経営に関する視点で児童の状況を捉えた結果を表5-5として示す。

表5-5 学級経営・授業経営に関する視点

教　師	学級経営・授業経営に関する視点で児童の状況を捉えた場面	不明	合　　計 (教師の働きかけ場面の総数)	割合
熟練教師A	18	122	140	13%
熟練教師B	7	90	97	7%
新人教師C	2	59	61	3%
新人教師D	9	86	95	9%

　表5-5に見る通り，熟練教師A，Bの割合はそれぞれ，13％，7％であるのに対し，新人教師C，Dは3％，9％である。新人教師Cの割合がやや低いことが見て取れる。しかしながら，新人教師Dを見ると，熟練教師との差異は認められない。このことから，学級経営・授業経営に関する視点で児童の状況を捉えた思考については，数的には両者に差異を認めることができなかった。

　この学級経営や授業経営の能力は，教師が授業を行う上で第一義的な問題とされることも多いため，経験の少ない新人教師でもこの視点からの状況把握の大切さに気づいていたことも推測できよう。

　数的には差異が認められなかったものの，実際の思考には新人教師と熟練教師の間に異なる傾向が窺えた。その典型的な例を以下に示す。

〈熟練教師〉
「他の児童と違う意見をいった子のおかげでみんなも勉強できたんだという雰囲気」

〈新人教師〉

「気になっているD児は、自分から動こうとしていないなぁ……」

上記の例からも分かるように、熟練教師は学級経営・授業経営の視点から児童個人の状況をクラス全体に結びつけた思考をしている。しかしながら、新人教師は児童個人の状況のみを捉えただけでクラス全体に結びつけてはいない。このことは、集団を基盤とした教育のための学級経営・授業経営を行う能力において、熟練教師の方が優れていることを暗示しているとも考えられよう。

いずれにせよ、集団で表現することの多い音楽科授業において、児童個人あるいは学級全体といった状況把握の対象については重要な論点となるため、次項で詳しく検討することとしたい。

(3) 状況把握の対象

ここでは、教師が状況把握の対象をどのように選んでいるかについて分析した結果を提示する。

教師の思考に「歌う姿勢の悪いA君を見つめる（ことによって姿勢をよくしたい）」等、状況把握の対象が個人（少人数も含む）である言葉が見られた場合「個人を捉えた」とした。

また、「（歌い始める時の全員の表情から）、歌う心構えができていないなと思った」等、状況把握の対象がクラス全体（クラスの大半）である場合は「クラス全体を捉えた」とした。さらに「M君の集中力が途切れてきた。B君にみんなの方を向かせることで、M君を集中させよう」等、個人を対象としながらクラスをも見ているような場合は「両方を捉えた」とした。以上のことに従って分析を行った結果を、表5-6として提示する。

表5-6に示した熟練教師Aの例を見ると、140の働きかけ場面のうち、個人を捉えたのは11、クラス全体を捉えたのが91、両方を捉えたのが31、不明が7となっている。4者を比較検討するため、表5-6の数値を図5-1として提示する。

「クラス全体を捉えた」割合は、熟練教師A、Bそれぞれ、65%、69%であ

第5章 音楽科授業における教師の思考様式(1)

表5-6 状況把握の対象

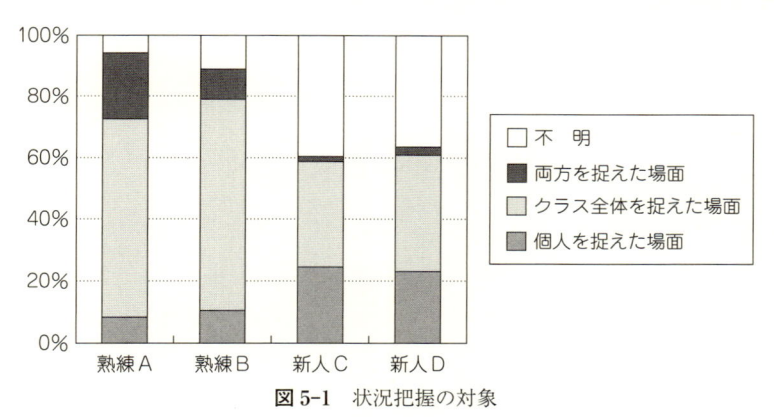

	個人を捉えた場面	クラス全体を捉えた場面	両方を捉えた場面	不明	合計(教師の働きかけ場面の総数)
熟練教師A	11	91	31	7	140
熟練教師B	10	67	10	10	97
新人教師C	15	21	1	24	61
新人教師D	22	36	3	34	95

図5-1 状況把握の対象

るのに対し，新人教師C，Dは，34％，38％である。この数字に「両方を捉えた」を加えると，熟練教師A，Bが87％，79％，新人教師C，Dは36％，41％となる。この結果より，熟練教師はクラス全員の児童を常に見ながら授業を進める頻度が新人教師より高いことが理解できる。

次に「個人を捉えた」割合を見ることにする。熟練教師A，Bは8％，10％であるのに対し，新人教師C，Dは25％，23％である。この数字から，新人教師は個人を対象に状況把握している割合が高いことが見て取れる。しかしながら，この数字に「両方を捉えた」を加えると，熟練教師A，Bが30％，21％，新人教師C，Dは26％，26％となり，両者に差異は認められなくなるのである。

以上のことから，新人教師は児童個人のみを捉える割合が高く，熟練教師は児童個人を見ながらも，同時にクラス全体にも目を向けている割合が高いことが理解できる。

このような熟練教師と新人教師の傾向を端的に表している，状況把握から判

断（次章のメインテーマであるため「〈　〉」内に提示する）へとつながる実際の思考の例を以下に提示する。

〈熟練教師A〉
「歌い出しの構えをつくっている子を見つけ〈（みんなにそれを）紹介することで，全員の構えをよくしよう〉」
〈熟練教師B〉
「児童指揮者が，少し困っている。〈彼が頑張れる雰囲気を，クラスの中につくろう〉」

　このように熟練教師Aは，歌う時の構えとして望ましい状態にある一人の児童を見つけ，それをクラス全体にフィードバックし指導効果を上げようとする，いわば個を全体に返すための思考を働かせていることが理解できる。また熟練教師Bは，頑張れる雰囲気をクラスの中につくることによって，児童指揮者の意欲を喚起しようといった，全体を個に返すという意図を持って児童の状況を把握していることが考えられる。
　次に新人教師の実例をあげる。

〈新人教師C〉
「声のよく出た児童に〈声をかけよう〉」
〈新人教師D〉
「楽器の（音色の）違いを意識して（演奏して）いる子がいる。よしよし…」

　以上から，新人教師Cは，歌声のよい児童にだけ声をかけて評価しようとする思考を働かせていることが理解できる。つまり，個をその個に返すという思考が生じているのである。
　また新人教師Dは，個人の工夫した点を「よしよし」と捉えるだけで，クラス全体はおろかその児童自身にもフィードバックしようとしてはいない。

以上の例からも，熟練教師は新人教師に比べて，児童個人とクラス全体をつなぐことに留意しながら状況を捉えていることが理解できる。そこには，児童一人ひとりの学びを保障しながらクラス全体の質を高めようとする，熟練教師の指導観をも垣間見ることができるのである。

（4） 状況把握のため取り上げられた事象

ここでは，4人の教師が児童の状況を捉える時，授業の事実の何を取り上げていたのかについて，「音そのもの」[3]「音以外」「両方」に分類し検討を試みた。その結果を表5-7として示す。

表5-7 状況把握として何を取り上げたか

	音そのものを取り上げた場面	音以外を取り上げた場面	両方を同時に取り上げた場面	不明	合計（教師の働きかけ場面の総数）
熟練教師A	48	74	11	7	140
熟練教師B	60	26	1	10	97
新人教師C	11	26	0	24	61
新人教師D	8	53	0	34	95

表5-7に示した熟練教師Aの例を見ると，140の働きかけ場面のうち，音そのものを取り上げたのは48，音以外は74，両方は11，不明が7となっている。比較検討しやすいように表5-7をグラフ化すると，図5-2～5-5のようになる。

図5-2～5-5から，音そのものを取り上げた割合について，熟練教師A，Bはそれぞれ，34％，62％であるのに対し，新人教師C，Dは18％，8％である。これらの数値に，両方を同時に取り上げた割合を加えると，熟練教師A，Bは，42％，63％であるのに対し，新人教師C，Dは，18％，8％のままである。熟練教師の方が，音そのものに焦点をあて状況把握としての思考をする頻度が高いことが理解できる。

次に，取り上げられた音そのものの全容を以下に示すこととする。

〈熟練教師A〉
歌い出しの発音，歌い出しの音色，歌声の音程（高），歌声の音量，高音域

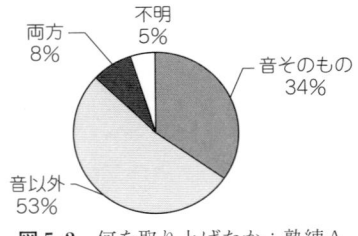

第Ⅱ部　音楽科授業に表れる教師の力量に関する事例研究

図 5-2　何を取り上げたか：熟練A
- 音そのもの 34%
- 音以外 53%
- 両方 8%
- 不明 5%

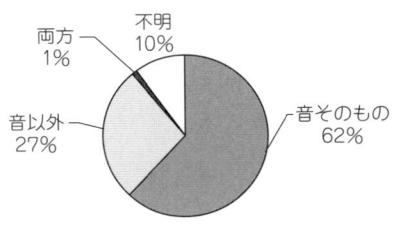

図 5-3　何を取り上げたか：熟練B
- 音そのもの 62%
- 音以外 27%
- 両方 1%
- 不明 10%

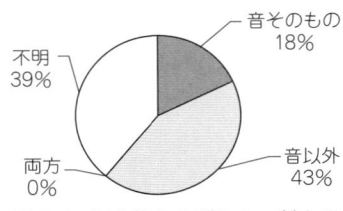

図 5-4　何を取り上げたか：新人C
- 音そのもの 18%
- 音以外 43%
- 両方 0%
- 不明 39%

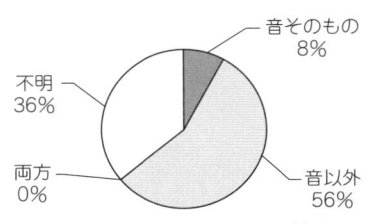

図 5-5　何を取り上げたか：新人D
- 音そのもの 8%
- 音以外 56%
- 両方 0%
- 不明 36%

の発声，歌声の音色，充分音を保って歌っているか，パートごとの音量のバランス（輪唱），呼吸，パルス感，一言一言を丁寧に発音しているか，副旋律を楽譜通りに演奏しているか（リコーダー），ブレスのタイミング，リコーダーの音色，リコーダーの音程（高）

〈熟練教師B〉

歌い出しの発音，歌い出しの発声，歌う時のテンポ，歌うリズムの躍動感，歌声の音色，歌声の強弱，歌のリズム，高音域の発声，声の深さ，さ行の発音・発声，母音の発声，オルガンの音色，合奏のリズム，合奏における各パートの音量バランス，呼吸，ブレスのタイミング

〈新人教師C〉

各パートごとの音量バランス（含唱），音を保って歌っているか，正しいメロディーで歌っているか，間奏後の歌に入るタイミング

〈新人教師D〉

演奏の統一感，合奏の音量，児童の演奏，各自の創作したリズムに個性があるか

第5章 音楽科授業における教師の思考様式(1)

　以上から，熟練教師は新人教師に比べ，音そのものに関して実に様々な点から状況把握をしていることが質的にも理解できる。この結果は，第2項で述べた「音楽科の教育内容に関する視点で児童を捉える」割合が，熟練教師の方が高いということと関連があるといえよう。すなわち，音楽科の教育内容に関する視点で捉えるため，熟練教師は児童の発する「音そのもの」に細心の注意を払っていることが理解できるのである。

　図5-2～5-5に再度目を向けてみる。音以外を取り上げた割合は，熟練教師A，Bが53％，27％，新人教師C，Dが43％，56％となっている。この結果から両者に数的な差異を認めることはできなかった。そこで，質的な検討を行うため，取り上げられた音以外の全容を以下に示すこととする。

〈熟練教師A〉
歌う姿勢，演奏する姿勢，友だちの歌を聴く時の態度（心構え），挙手の仕方，歌う時の口の形，子どもどうし助け合う姿，全員の立つ行動，録音テープを聴く時の表情，自分の意思で発言しようとしている姿，手で○をつくるという自己評価のサイン，発言内容，友だちの発言を聞く態度，教師の指示に反応しないこと，歌う時の表情，リコーダーを演奏する時の姿勢，歌い出しの準備，リコーダーを演奏する前の構え，自主的に練習する様子，B君の仕草，C君の歩き方，C君の仕草，M君が黙っていること，M君の仕草

〈熟練教師B〉
歌う姿勢，歌い出しの準備，歌詞をどのくらい覚えているか，ゲームに対する集中度，D君が合奏を頑張る様子，教師の力をかりず子どもたちだけで頑張ろうとする雰囲気，児童指揮者による（合奏の）メンバーの選び方，児童指揮者のやる気，児童指揮者の指揮の仕方，F君の集中度，児童が指揮者を希望する様子，じゃんけんの結果は公平か，Eさんの仕草，前回の練習の進度，ピアノの児童がどのパートを担当しているか，一人の子の木琴が足りなかったこと，発言する表情，木琴を担当した児童の数

〈新人教師C〉
児童がMDを聴く様子，歌う様子，児童の私語，児童の座っている場所，児童のつぶやき，前回の練習の様子，第2パートの児童の説明を聞く様子，発言内容

〈新人教師D〉
歌う雰囲気，A児の様子，I児の様子，演奏する児童の姿勢，楽器を選ぶ児童の様子，CDを聴く雰囲気，児童が自分で考えたリズムを演奏しようとしないこと，児童のつぶやき，発言する態度，発言内容，友だちの演奏を聴く態度

音以外に取り上げられたことがらとして，熟練教師と新人教師の間で数的な差異は認められなかったものの，実例から質的な違いを確認できる。新人教師に比べ熟練教師は，音以外にも児童の一挙手一投足にまで注意を払い，様々な点に目を向けていることが理解できる。熟練教師は児童の「仕草」「口の開け方」「発言する表情」等，取り上げる焦点を絞っているのに対し，新人教師は「歌う雰囲気」「CDを聴く雰囲気」等，それが絞りきれていないことが窺える。

第3節　熟練教師の状況把握からの示唆

第2節に提示した結果から，熟練教師と新人教師の間には状況把握としての思考において差異があることが確認された。そして，熟練教師は新人教師に比べ以下の4点において高い力量を備えていることが理解できた。

① 瞬間的に児童を捉える点
② 幅広い視点から児童の細部までを，能動的に，具体的に，豊かな表現で捉える点
③ 音楽科の教育内容に関する視点で児童を捉える点
④ 児童個人を見ながらも，同時にクラス全体にも目を向けている点

ただしこの結果は，決して新人教師が教師として不適格であることを示して

いるものではない。むしろ、新人教師C、Dは児童への親密性、愛情等において熟練教師に勝るとも劣らない資質を備えた教師であったことを強調しておく。このことは、教育の原点ともいうべき学級経営・授業経営の視点において、新人教師と熟練教師の間に差異が認められなかったという事実からも明らかである。

以上の点を押さえつつ、新人教師と熟練教師の間に状況把握としての思考の差異を認める。第1章で述べた篠原や佐藤の理論に従えば、両者の間に存在する状況把握としての思考の差異は、状況把握する力量の差異といい換えることができるであろう。

以上のような熟練教師の状況把握の実態に学ぶべく、結果から導かれた教師の力量形成に対する示唆を、三つの側面に整理し述べることとする。

(1) 状況把握の視点の明確化

第1に、音楽科授業中において状況把握の視点を明確にし、能動的に全ての児童を捉えることの重要性が示唆された。今回調査した新人教師は状況把握の明確な視点が定まらないまま、意識せずとも勝手に飛び込んでくる情報のみを捉え、それに振り回されてしまうという傾向を有していた。このような状態は、目立つ情報を発する児童だけが教師に受け止められ、そうでない児童が置き去りにされるという危険性をはらんでいる。そのような事態を回避するため、常にどの児童にも焦点をあてて状況把握することが、音楽科はもちろん、全ての授業で望まれているといえよう。

また、音楽科では教科の特質上、教師の瞬間的な音の聴き分けが頻繁に要求される。そのため、今回調査した熟練教師のように「今、治すのは音程（高）か発声か」等、聴く焦点を絞り積極的に全児童の発した音をキャッチしにいく姿勢が重要となろう。

さらにいえば音楽科においては、聴くことだけでなく見ることにも留意すべきであろう。なぜなら、歌唱や演奏の指導では姿勢や表情等の身体的所作を見ることが重要であることに加え、音楽科においても当然ながら児童の健康状態

や人間関係等をも適宜見ながら授業を展開していくことが求められるからである。このような音以外の側面も意識し，刻々と生き物のように変化する児童の瞬間的な状況を，一つたりとも見逃すまいとする実践的態度を培うことが望まれよう。

このことに関して，斎藤は次のように述べている。

> 「（子どもの事実を）よく見て，よく考える。それを繰り返していくと，今度は自然に見えてくるようになるんです。相手が呼びかけてくるんです。」[4]

この言葉は，教師が明確な意図を持って聴く・見ることを繰り返せば，児童の状況が具体的に，聴こえる・見えるようになっていくことを意味していると解釈できよう。

また，「自分は今，クラス全体を見ているのか，個人を捉えているのか，A君を見ながらB君の状況も捉えようとしているのか」といったような，状況把握の対象をメタ認知することも念頭におきたい。このことは，児童一人ひとりの学びの保障，クラスの友だち関係の向上，音楽を通じての人間教育等を意識した人を育てるための教師の心構え，すなわち第1章で述べた藤原の定義「活動のよりよい遂行を志向した構えや態度」をも培うための重要なファクターであると考えられよう。

（2） 音楽科授業における行為の後の省察

第2に，授業中に見えなかった状況でも授業後には見えるようになるといった，行為の後の省察の重要性をあげたい。その教授行為をとった時自分は児童の何を見ていたのか，何を聴いていたのかについて，授業後に振り返り記録することは，力量を高めるための貴重な資料となり得よう。これには可能な限りビデオ記録を用い，授業の事実を基盤とすることが望ましい。記録することがらは，「○○君の姿勢」「4小節目の歌い方」等，具体的な内容としたい。

このようなリフレクションを繰り返すことにより，児童を捉える自らの傾向

が次第に明らかになってくるであろう。例えば「ある児童については何度も記録されているのに，一度も名前が書かれていない子がいる」「発声については毎回記述されているのに，歌う表情については触れられていない」等の発見がそこにあると考えられる。この発見を基に，自らの児童を捉える視点として不十分な点を改善したり，着眼点を広げたりしていくことが求められよう。

　また，リフレクション時に初めて授業中の状況が鮮明に見えるといったこと，つまり授業中に捉えられなかった状況でも授業後のVTR視聴の際には見えることがある。このような場合，後から見えた状況を記録に残し，なぜ授業中には見えなかったのかということについて分析を積むことも望まれよう。

　このように「行為の後の省察」が，「行為の中の省察」へと時空を超えて転じることを期待して，工夫ある取り組みを積み重ねる必要があると考えている。

（3）　観察者としての授業者

　第3に，授業者を離れた視点から児童を観察することの重要性も示唆されている。新人教師は，授業を進行することにその能力の大部分を使い果たし，児童観察どころではなくなるといった状況に陥ることが多かった。つまり，児童観察を行いながら同時に授業を進めることが困難なのである。

　この困難を克服するためには，例えば，担当するクラスの音楽科授業を他の教師に依頼して，自分は観察者として児童の状況を把握するといった方法も考えられる。この時，授業者と同じような場所からではなく，児童の中に入っていくようなポジションで観察することも視野に入れておきたい。具体的にいうと，児童の合唱，合奏等の輪の中に入って観察するのである。このようなトレーニングを行うと，授業者として日頃は見えなかった様々な児童の状況や，聴こえなかった声，音等が浮き彫りにされ，新たな発見があると考えられる。

　このように，授業を進めながらも児童の細部まで捉える力を持ち得るような，いわば観察者としての授業者になれるような能力を開発することは，教師の力量を向上させるための方向性を示しているといえよう。

第Ⅱ部　音楽科授業に表れる教師の力量に関する事例研究

註
1) 1990年頃より，音楽科においても「ストップモーション方式」による授業研究が注目されてきた。ストップモーション方式とは，藤岡により提唱された授業研究法で，雑誌「授業づくりネットワーク」により普及していった。この方式は授業VTRの再生をしばしば止めながら，授業に関して様々な検討を行うものである。この授業研究法に関して，藤岡は次の点をメリットとしてあげている。
   ① 議論が終始，授業の事実に密着して行われる。
   ② 授業者も参加者も，論議において今何が問題になっているかを理解しそれを共有することができる。
   　藤岡信勝（1988）「ビデオをとめて授業の腕をあげよう――ストップモーション方式による授業研究の提唱」『授業づくりネットワーク』創刊4号，日本書籍，p.8。
   この指摘から，この方法による授業研究を行えば，混乱した研究討議が回避されることが理解できる。また，多くの研究者が述べるように，この方法は焦点化された議論を可能にするため，次の授業実践への示唆を生み出すことが大いに期待できる。この点において，「ストップモーション方式」は，授業者のみならず研究会に参加した全ての教師の力量形成につながる授業研究法であるといっても過言ではないであろう。
   ただし本稿では，藤岡の提唱する授業研究における討議を目的とせず，教授行為の背後に潜む教師の思考を調査することがねらわれている。目的は様々あれども，教師の思考研究法である再生刺激法は，ストップモーション方式と同様の研究方法であり授業の具体を基盤とする点が通底している。
2) 教師の思考に関しては発話された働きかけ場面に記載したが，その思考がその場面のみでなく前後のいくつかの場面にも関与していないか，何度も授業の映像を注意深く確認しながら検討した。
3) ここでは歌唱におけるブレスや呼吸も，音そのものとして分類した。
4) 斎藤喜博（1984）『第二期斎藤喜博全集』第2巻，国土社，p.300。

第6章
音楽科授業における教師の思考様式(2)
―― 「判断」「選択」としての思考 ――

　本章では，前章にひき続き音楽科授業における教師の思考様式について論究する。前章で論じなかった「判断」としての思考，「(教授行為の)選択」としての思考に焦点をあてる。事例調査の方法は前章の第1節と全く同じであるため割愛し，調査結果の提示から始めることとする。

　第1節では，新人教師と熟練教師における判断としての思考の差異を提示する。第2節では，新人教師と熟練教師における(教授行為の)選択としての思考の差異について，思考の完結の側面も踏まえて考察する。第3節では，第1，2節の結果を基に，熟練教師の判断・選択としての思考の特徴から導かれた，音楽科授業における教師の力量形成への示唆について述べる。

第1節　新人教師と熟練教師の「判断としての思考」の違い

(1)　判断としての思考の類型

　授業中に判断としての思考が生起した場面を，表6-1として提示する。この表が意味するところを熟練教師Aを例に述べる。

表6-1　判断としての思考

	教師の働きかけ場面の総数	判断としての思考が生起した場面	不明	割合
熟練教師A	140	133	7	95%
熟練教師B	97	87	10	90%
新人教師C	61	33	28	54%
新人教師D	95	45	50	47%

第Ⅱ部　音楽科授業に表れる教師の力量に関する事例研究

　熟練教師Aの場合，第4章から述べているように1時間の授業中に140の働きかけ場面が存在した。その140場面のうち133場面について，「判断としての思考」が生起したことを窺わせる発話をしている。例えば次のような発話である。

　　「（ここでは），シンコペーションのリズムが児童にとって歌いにくいんだな（と思ったんです）。」

　このような発話の関与する場面を全てカウントすると，それは133存在したということである。残りの7場面については，そのような発話の関与は不明である。
　そこで，133場面に判断としての思考が生起したと捉え，教師の働きかけ場面の総数に対する割合を算出すると95％（小数第1位四捨五入）となった。つまり，熟練教師Aは全教授行為の95％において，判断としての思考を働かせたと考えられる。
　他の教師も同様に見た時，熟練教師Bは90％，新人教師C，Dはそれぞれ54％，47％という割合であった。この結果から，熟練教師は新人教師に比べ頻繁に判断としての思考を働かせ，教授行為をとっていることが確認できる。
　発話データをさらに詳しく見ていくと，判断としての思考は，「推論を伴った判断」と「見通しを持った判断」の二つの類型に整理できた。また，「見通しを持った判断」はさらに，「その授業中を見通した判断」と「その授業以降を見通した判断」に類型化された。この構造を図6-1として提示する。
　この類型それぞれに関する分析結果を，次から述べることとする。

（2）　推論を伴った判断

　図6-1で示した「推論を伴った判断」の分析結果を，表6-2として示す。
　表6-1と同様の算出法から表6-2を見ると，熟練教師A，Bはそれぞれ28％，25％という割合となっているのに対し，新人教師C，Dは8％，7％となって

第6章 音楽科授業における教師の思考様式(2)

```
                    ┌─────────────────┐
                    │  判断としての思考  │
                    └─────────────────┘
                      ↓           ↓
┌──────────────┐   ┌──────────────┐
│ 推論を伴った  │ ⇒ │ 見通しを持った │
│ 判断         │   │ 判断         │
│ 例：          │   └──────────────┘
│「シンコペーショ│      ↓        ↓
│ ンのリズムが児│
│ 童にとって歌い│
│ にくいんだな」│
└──────────────┘
```

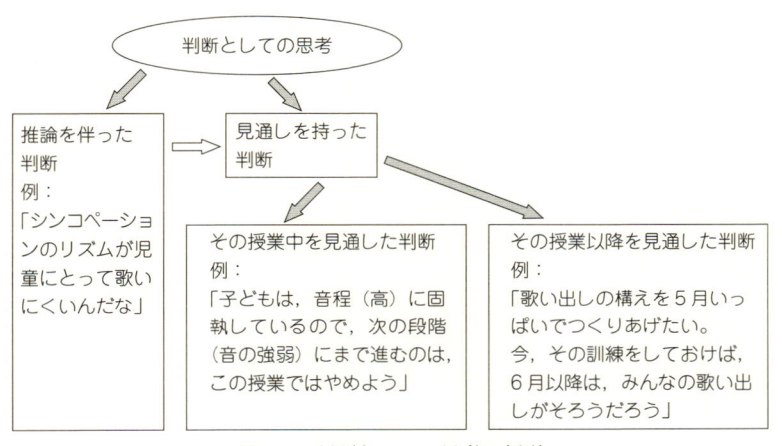

	その授業中を見通した判断	その授業以降を見通した判断
	例：「子どもは、音程（高）に固執しているので、次の段階（音の強弱）にまで進むのは、この授業ではやめよう」	例：「歌い出しの構えを5月いっぱいでつくりあげたい。今、その訓練をしておけば、6月以降は、みんなの歌い出しがそろうだろう」

図 6-1 判断としての思考の類型

表 6-2 推論を伴った判断

	教師の働きかけ場面の総数	推論を伴った判断としての思考が生起した場面	不明	割合
熟練教師 A	140	39	101	28%
熟練教師 B	97	24	73	25%
新人教師 C	61	5	56	8%
新人教師 D	95	7	88	7%

いる。

　この数字から，熟練教師は新人教師に比べ推論を伴った判断を多く行っていることが理解できる。

　さらに詳しく検討するため，推論を伴った判断の実例を以下に提示する。

〈熟練教師の例〉

「（C君は）楽譜を（眺めているだけで）読んでいないのだな」

「歌声の大きさと（A児が）発言したが，強さという意味をいいたかったのだろう」

「シンコペーションのリズムが児童にとって歌いにくいんだな」

「（B君の）歌声が評価されたことを（クラスのみんなが）意識し始めた

な」

〈新人教師の例〉
「練習に疲れてきたな」
「(演奏に) 飽きてきたな」

以上に見る通り，熟練教師は「読譜力」「発言内容」「歌い方」等，具体的に焦点を定め，児童の状況を積極的に推論し判断していることが理解できる。それに対して，新人教師は「疲れてきたな」「飽きてきたな」等，推論の焦点が漠然としている。このような両者の傾向に関して佐藤らは，次のように述べている。

> 「熟練教師の〈推論〉の割合の大きさは，彼らが，初任者には想像できないほど，子どもの提示している表情や声などの身体的表出，発言内容，教室の雰囲気を敏感に受けとめ，その表出の意味，発言内容に表現されている学習の状態，教室の雰囲気に潜む授業者と子どもの関係などを解釈し推論する熟考的な思考を，積極的に展開していることを示している。[2]」

佐藤らの言葉と本章における分析結果は一致しているものと考えられ，熟練教師と新人教師の間に推論を伴った判断における力量の差異を確認できるのである。

(3) 見通しを持った判断

教師が見通しを持った判断をしたかについて分析した結果を，表6-3として提示する。

表6-3に見る通り，熟練教師A，Bは95%，90%であるのに対し，新人教師C，Dは54%，47%である。熟練教師の方が，見通しを持った判断を頻繁に行っていることが理解できる。

表6-3 見通しを持った判断

	教師の働きかけ場面の総数	見通しを持った判断としての思考が生起した場面	不明	割合
熟練教師A	140	133	7	95%
熟練教師B	97	87	10	90%
新人教師C	61	33	28	54%
新人教師D	95	45	50	47%

表6-4 見通しを持った判断の細分類

	その授業中を見通した判断	その授業以降を見通した判断	合計
熟練教師A	38	95	133
熟練教師B	37	50	87
新人教師C	31	2	33
新人教師D	41	4	45

次に，表6-3に示した見通しを持った判断が，その授業中を見通したものか，その授業以降を見通したものか[3]について細分類した結果を表6-4として提示する。

表6-4に示した熟練教師Aの例は，133の「見通しを持った判断」のうち「その授業中を見通した判断」が38，「その授業以降を見通した判断」が95存在したことを示している。4者を比較検討するため，それぞれの割合を算出し図6-2として提示する。

図6-2に見る通り，その授業以降を見通した判断をした割合に関して，熟練教師A，Bはそれぞれ71%，57%であるのに対し，新人教師C，Dは6%，9%である。

また，その授業中を見通した判断の割合は，熟練教師A，Bが29%，43%であるのに対して，新人教師C，Dは94%，91%となっている。

以上のことから，新人教師に比べ熟練教師の方が，その授業以降を見通した判断，つまり長期的な見通しを持った判断を頻繁に行っていることが理解できる。また，新人教師はほとんど授業中のみを見通すことに終始していることも見て取れる。

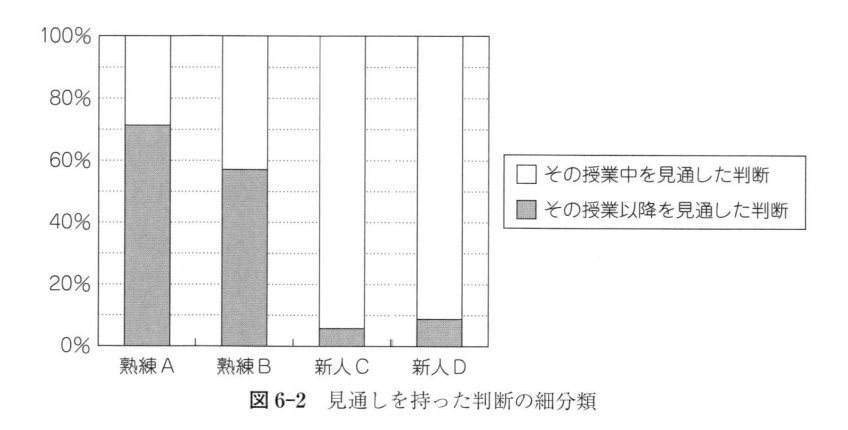

図6-2 見通しを持った判断の細分類

見通しを持った判断の実例を,以下に提示する。

〈熟練教師の例〉
「今は,歌い出しのメロディーをピアノで弾いているが,後々には,最初の音をとっただけで,歌に入れるようにしたい」
「曲想にオーバーな変化をつけることによって,発声を自分でコントロールする児童を増やしたい」
「ここで児童をほめることは,音楽嫌いをなくし,後々の人間関係や歌声にも影響する」
「今後ともLDの児童に配慮し,特に集中力を持続させていきたい」[4]

〈新人教師の例〉
「早く板書を終わらせて,子どもの演奏を見にいかなくてはいけない」
「感じを思い出せたのかな……。しかし,意見をいったのは数人なので,全員が感じをつかめるよう,もう一度歌っておこう」
「ここで,(子どもの)つぶやきに対して応えておかないと,授業が終わるまでしつこく文句をいってうるさい」
「この授業では,歌を覚えるため,とにかくフルコーラスで歌わせたい(次

の授業では部分的な練習を予定している)」

　以上を見ると熟練教師は，今の授業と次回，あるいは何週，何ヶ月後といった未来を結びつけた判断を行っていることが理解できる。この長期間に影響を及ぼす思考は，熟練教師の授業観や指導観に基づいているといっても過言ではなかろう。すなわち，熟練教師にとって1時間の授業とは，それだけで完結してしまうものではなく，理想とする人間像へ児童を到達させるための一通過点のように捉えられていることが，発話からも理解できるのである。
　一方，新人教師の例を見ることとする。板書を早く終えて児童のもとへいく，もう一度歌っておこう，授業の終わりまでしつこく文句をいう等，この授業中の見通しに限定されたものが多い。この事実から垣間見えるのは，その1時間の授業をよりよい方向へ展開させることだけに全能力を使い果たし，そこまでが力量の限界となっている新人教師の姿である。
　しかしながら少数ではあるが，新人教師がその授業以降を見通した判断を行っている例も存在した。上記の「この授業では，歌を覚えるため，とにかくフルコーラスで歌わせたい」という判断は，その好例である。ここで新人教師は，次の授業を見通して判断を行っている。授業中という限られた時間内を見通した判断よりは，長期間に影響を及ぼす思考が生起しているのである。ただし，熟練教師の何週間，何ヶ月後という未来を見通した判断に比べると，新人教師の見通しは総じて短いものとなっていることが指摘できる。
　熟練教師のような長期的な見通しを持った判断を，経験の浅い新人教師が行うことは極めて困難なことであろう。なぜなら，長期的な見通しを持った判断は，熟練教師の長年にわたる教職経験から身につけられた思考であることが推測されるためである。このことは同時に，第7章以降で述べる教職経験探究の重要性をも示唆していると附言できよう。

第Ⅱ部　音楽科授業に表れる教師の力量に関する事例研究

第2節　新人教師と熟練教師の「選択としての思考」の違い

（1）　教授行為の選択としての思考

　教授行為は，教師がそれを選択するからこそ生じるものである。換言すれば，教師が選択しない限り教授行為は生じないのである。この考え方に立脚すれば，教師は教授行為をとる全ての場面において，「（教授行為の）選択としての思考」を働かせているといえる。

　このことを，熟練教師Ａを例にあげて考えてみたい。彼女の授業には，140の働きかけ場面が存在する。したがって（教授行為の）選択としての思考も，意識的であるにせよ暗黙的であるにせよ140場面全てに生起したということになる。ここで問題としたいのは，本研究の考察の視座となる理論的枠組みの一つである「思考の完結」，すなわち（教授行為の）選択としての思考が果たして「状況把握」や「判断」を基盤として生起したものかどうか，という点である。つまり，教師の思考が「状況把握」→「判断」→「（教授行為の）選択」というプロセスに従って展開しているかどうかという問題である（この思考の構造に関しては，第２章を参照のこと）。

　もちろん，状況把握も判断もしないまま，指導書等に掲載されているような既存の教授行為を選択することは可能である。しかしながら，状況把握や判断を基盤としない教授行為の選択は，児童の実態あるいは授業の事実に即さない空虚な営みといわざるを得ない。第２章で示した通り，上記のような３段階のプロセスが完結した状態，つまり，状況把握や判断を基盤として，（教授行為の）選択としての思考が生起したような場合を「思考が完結した」と捉え，論を進めることとする。

（2）　思考の完結

　思考の完結について分析するため，表6-5を提示する。表6-5の②に示した「状況把握としての思考が生じた場面」に関しては，第５章で述べた「前時ま

第6章　音楽科授業における教師の思考様式(2)

表 6-5　思考の完結

	①教師の働きかけ場面の総数	②状況把握としての思考が生じた場面	③判断としての思考が生じた場面	④思考が完結した場面（「状況把握」・「判断」に基づいた「（教授行為の）選択としての思考」が生じた場面）	⑤思考が完結した割合（④÷①）
熟練教師A	140	133	133	133	95%
熟練教師B	97	87	87	86	89%
新人教師C	61	37	33	28	46%
新人教師D	95	61	45	43	45%

での児童の状況を捉えた思考が生じた場面」と「授業中において，その瞬間の児童の状況を捉えた思考が生じた場面」の数値を合わせたものである。ただし，熟練教師Aは，前時までの児童の状況とその瞬間の児童の状況を捉えた思考が同時に生じた場面が2存在したため，133となっている。

表6-5に示した熟練教師Aの例を見ると，140の働きかけ場面のうち，133場面で児童の状況を捉え，133場面で判断をし，それらに基づいた教授行為の選択を133場面で行っている。この場合，思考の完結した場面数は133であり，その割合は全働きかけ場面の95％となる。同様に，教師B～Dも見ていくこととする。

表6-5に見る通り，思考の完結した割合は，熟練教師A，Bはそれぞれ95％，89％であるのに対し，新人教師C，Dは46％，45％となっている。表6-5の各項目をさらに詳しく見てみると，②～④欄が示す通り新人教師は児童の状況を捉えた回数が少なく，「状況把握」→「判断」→「（教授行為の）選択」と思考が進行するに従って，その場面数が減少する傾向にある。この傾向は，新人教師はたとえ児童の状況を捉えたとしても判断できなかったり，判断したとしても教授行為の選択にまで至らなかったりする割合が高いことを意味していると考えてよいであろう。つまり，思考の完結の割合が低いといえるのである。

これに対し熟練教師は，児童の状況を捉える回数が多く，それを基盤にしてほとんどパーフェクトに近い割合で，「判断」「選択」という思考に至っている。つまり，思考の完結の割合が極めて高く，そのことが児童の実態，授業の事実

第Ⅱ部　音楽科授業に表れる教師の力量に関する事例研究

に即した適切な教授行為を生み出していると理解できよう。
　このような熟練教師と新人教師の傾向を，端的に表している実例を以下に提示する。

〈熟練教師Bの例〉

> 歌の練習をしている場面で，「児童の歌声が躍動的でない」と状況把握→「この部分は躍動的に歌わせることが重要」と判断→「もっとロープをぴーんと張ったように歌おう」という教授行為を選択。

　この例に見る通り，熟練教師Bは歌声の躍動感という1点において，状況把握や判断を行い，ロープを張るという比喩表現を用いて躍動感を説明する教授行為を選択している。つまり，思考の三つの段階が流れるようにつながっていることが理解できるのである。これに対し，新人教師の例を見てみたい。

〈新人教師Cの例〉

> 他のクラスから寄せられた歌い方のアドバイスを教師が紹介している場面で，「子どもたちに他のクラスへの対抗意識があるな」と状況把握→「（他のクラスの）批判ばかりせずに，アドバイスを素直に聞いて歌ってほしい」と判断→「『～いつかきっと出会う～』というところと，『～ぼくらをのせて―～』というところの歌い方の差が激しいの」という教授行為を選択。

　この例に見る通り，新人教師Cは，「（他のクラスの）批判ばかりせずに，アドバイスを素直に聞いて歌ってほしい」という判断をしながらも，そのことについて児童に何も働きかけてはいない。それだけではなく，アドバイスとは全く関係のない箇所の歌い方の説明をしている。つまり，新人教師は思考の完結が成立しにくいといった傾向を有していることが，質的にも理解できるのである。
　以上二つの例からも，熟練教師は児童の実態，授業の事実を的確に捉え，判

断し，教授行為を選択するという3種の思考が緊密であり一貫しているという点において，新人教師より秀でていることが確認できるのである。

第3節　熟練教師の判断・選択からの示唆

第1～2節に提示した結果より，熟練教師は新人教師に比べ以下の3点において高い力量を備えていることが理解できた。
① 児童の状況に対して具体的な焦点を定め推論し判断している点
② 長期的な見通しを持った判断をしている点
③ 「状況把握」や「判断」に基づいた教授行為の「選択」（「思考の完結」）をしている点

再度述べるが，この結果のみから判断して，新人教師が教師として不適格であると烙印を押すことはできまい。理由は第5章に述べた通りである。この点を強調しつつ，新人教師と熟練教師の間に，判断としての思考，（教授行為の）選択としての思考について差異を認める。ここでも第1章で述べた篠原や佐藤の論理に従い，両者の間に存在する思考の差異は，力量の差異と捉えることとする。

以上のような熟練教師の判断・選択の実態に学ぶべく，結果から導かれた教師の力量形成に対する示唆を，三つの側面に整理し以下に述べる。[5]

（1）　焦点化された推論

熟練教師特有の推論の具体性とは，「（B君の）歌声が評価されたことを（クラスのみんなが）意識し始めたな」という例に見られるように，児童やクラスの実態を熟知した結果として表れるものであった。また，「シンコペーションのリズムが児童にとって歌いにくいんだな」という例に見られるように，教師の音楽的知識や経験に基づいたものも数多く存在した。

この二つの例から，熟練教師は児童の実態を熟知し，かつ音楽を知るという2点を基盤として，推論の焦点を定めていることが考えられよう。この考えに

立脚するならば，その2点を強化することによって，音楽科授業における教師の推論がより具体性を帯びることも期待できよう。そこで，その2点を強化するための方略を提示することとしたい。

　第1に，教師は児童の実態として，彼らの声域，ピアノの経験等の音楽的背景は無論のこと，クラスにおける人間関係，家庭環境，その日の健康状態，障害の状態等，あらゆる側面からの情報収集に努めることを常に意識しておきたい。このことが，推論の成否を決定づけるといっても過言ではなかろう。

　このことに関して，マルコム・テイト（M. Tait）とポール・ハック（P. Haack）は，音楽教育を行う上で，「我々は，自分の生徒たちのことを知る必要がある。生徒たちの興味や願望，好き嫌い，態度や価値観についても知っておく必要がある[6]」と述べている。さらに，そのような集団に関する知識に併せて，「個人としての生徒を知る必要性は，いうまでもなく，正規のクラスの内外で共に学び合っている障害を持った子どもたちについてもいえることである[7]」としている。

　熟練教師Bの判断として，「LDの児童に配慮し，特に集中力を持続させていきたい」という思考が見られた。これはまさに，個人の身体的障害を熟知した上での判断といえる。このように，音楽科の教科内容には直接関係ないことがらも含め，全ての児童に関する徹底した情報収集が，推論をさらに磨きあげる大きな要因となるであろう。

　第2に，当然ながら教師は，音楽を知るために様々な音楽的研鑽を積む必要があるといえよう。授業の教材研究はもちろん，例えば学校を離れた合唱団，吹奏楽団等の活動に参加したり，音楽指導の講習会等にも積極的に関わったりすることは，教師が音楽を知る上で貴重な経験となってこよう。今回調査した熟練教師Aは，音楽科教師が集まる合唱団のメンバーであったし，熟練教師Bは自ら合唱クラブを設立しその常任指揮者として活躍している。

　熟練教師Aに「（子どもは，音量のバランスを意識していないようだ。）ここではパートごとの（歌声の）音量バランスについてもっと意識させることが必要だ」という推論を伴う判断が見られた。これは，熟練教師Aが自らの合唱団

経験を通じて，合唱における旋律相互の適度な音量バランスを知っているからこそ生起したものと考えることもできよう。つまり，教師は音楽を知れば知るほど，体験すればするほど，より音楽的な視点から推論し判断を下すことができるようになることが，ここでも確認できるのである。

　このことに関してマルコム・テイトとポール・ハックは，「教科の様々な側面に精通し，有能な演奏家であるような音楽の教師が必要である」[8]と述べている。

　ただしこの言葉から，高度な音楽技術を持つ優れた演奏家でない限り，音楽を教えられないといった近視眼的な発想をすることは早計であろう。教育現場にはピアノが弾けなくとも，高度な指導力を備えた教師が存在することを我々は知っている。

　このことについてもテイトらは，「音楽を知るためには，バッハのプレリュードとフーガの全てを演奏したり，数多くのオペラの台本に精通しなければならないというような必要はない」（筆者要約）[9]とし，「対象に対して夢中で取り組み，なお一層の探求と発見へつながる深い喜びがそこになければならないであろう」[10]と述べている。

　すなわち教師は，音楽を恒常的に探究し新たな発見を繰り返すことに喜びを感じるといった自らの音楽体験と音楽科授業の出来事とを関連づけることによって，焦点化された的確な推論を生み出すのである。

（2）　長期的な見通し

　前述したように，長期的な見通しの的確さには，教職年数が大きく関与していることが考えられる。その一方で，教師は短絡的に教職年数を重ねただけでは，長期的な見通しの精度を高め得ないことも指摘できる。この二つの考え方から，有意義な研鑽を伴った教職年数の積み重ねこそが要求されていることが理解できるのである。

　ここではそのような教職年数に見あう意味のある研鑽に関して，二つの側面から考察することとする。

113

第Ⅱ部　音楽科授業に表れる教師の力量に関する事例研究

　第1に教師は，将来的に児童にどのような力が備わっていてほしいのかといった，最終目標を明確した教育実践を積む必要があろう。加えて，教師は今ここで行っている授業が，最終目標に到達するための通過点であることを強く意識したい。このことを実例をあげながら述べる。

　熟練教師Bの判断に，「主旋律とオブリガートのバランス，あるいは練習の効率から考えて，アンサンブルは少人数の編成にしたいが，指揮者（児童指揮者）にメンバーの選出を任せたのだから，今は口を出さず我慢しよう。彼（児童指揮者）の性格や，頑張ろうとするクラスの雰囲気から考えると，ここで私が口を出したら，（彼らが）落ち込んでしまうことになり，これからの音楽の授業が嫌いになるかもしれない。私が口を出さなかった結果，多人数の編成になっても仕方がない」（筆者要約）という例が見られた。これは，児童の今後の音楽科授業に臨む姿勢を見通した判断である。

　この例において，熟練教師Bは二つのことを同時に想起している。「音楽的に考えて，アンサンブルは少人数の編成にすべきだ」ということと，「児童指揮者やクラスの主体的な雰囲気を尊重した結果，アンサンブルが多人数の編成になっても仕方がない」というものである。前者は，児童の音楽的技量を高めるための判断，後者は，児童の音楽に対する主体性を高めるための判断であると捉えることができよう。果たして熟練教師Bは，後者を優先させた判断を下している。つまり，熟練教師Bは，音楽的には少人数の編成がよいと思いつつも，その授業の時点においては，指揮者とクラスの子どもたちがアンサンブルに取り組もうとする主体的な態度を優先させている。

　このことの基盤となる考え方について，熟練教師Bは次のように述べている。

　　「（子どもの音楽的技量を高めることと，子どもの音楽に対する主体性を高めること）このどちらも必要ですが，両者をどのようなウエイトで捉え判断するかは，最終的にどのような子どもの姿を目指したいかで決まってくるのかもしれません。」（傍点筆者）

この言葉にもあるように，児童の将来像の明確化と，それに照準を合わせた授業実践を繰り返そうとする意識こそが，長期的な見通しを持った判断に結実するといっても過言ではなかろう。

　第2に，教師は判断する際，児童の発達段階を常に考慮したい。熟練教師Aの見通しを持った判断に，「歌い出しの構えを5月いっぱいでつくり上げたい。今，その訓練をしておけば，6月以降はみんなの歌い出しがそろうだろう」という例が見られた。この判断の根底には，「第5学年の児童に対して，1ヶ月程度歌い出しの指導をすれば，やがてそれ（歌い出し）を大切にして歌うようになるんです。それが5年生という学年です」という熟練教師Aの児童に対する発達観が存在する。

　このことから，教師は児童の発達段階を熟知することにより長期的な見通しを持ち得る，といった解釈も成立するであろう。

　教師が児童の発達段階を確実に把握するためには，彼らの成長過程を日々記録することも一つの手段と考えられる。例えば，児童の声域の変化，歌唱におけるピッチの安定度，リコーダーの運指の上達度等，克明に彼らの成長過程を記録することが，日々の指導に反映されることであろう。また，「この時の児童の成長は，自分の行った〇〇という指導が奏功した結果と考えられる」といった，指導と発達の関連に視点をおいた記録も貴重な資料となろう。

　このような意味のある研鑽を重ねることで，教師は長期的な見通しを持った判断をする力量を高め得ると考えている。

（3）　状況把握と判断に基づく教授行為の選択

　状況把握と判断に基づいた的確な教授行為を選択するための前提は，本研究で示している思考の三つのプロセスを緊密化させ，一貫性を持たせる点にあるといえよう。しかしながら新人教師の傾向としては，思考が「教授行為の選択」にまでつながらないといった例が数多く存在した。

　このような状況を回避するために，教師は数多くの教授行為を瞬時に生み出す能力を磨いていく必要がある。状況把握や判断に関連づけた豊かな教授行為

を即時的に組織する力が求められているのである。このことを踏まえ，どのようにすれば教師がより的確な教授行為を生み出し得るかという点に関して，以下に言及する。

　第1に，教師は，独自の教授行為を生み出すことに努める必要があるといえよう。そのためには，授業中，教師がどのような教授行為を選択しようか迷った時，とりわけ全く手が出せなくなった時，この場面でどのような働きかけをするべきかを，全能力を結集して考えぬくことが重要となろう。考えぬいた末に独自の教授行為を生み出すことによって，教師は自らの力量を向上させ得ると考えられる。

　このことに関して斎藤は，合唱指導中，思うように生徒が声を出さず教授行為の選択に迷っている状況を例にあげ，次のように述べている。

　　「そんな時私は，苦しまぎれにむちゃくちゃに腕を振りまくっているわけです。生徒も骨折ってさまざまにやっている。その結果として新しいものが出た時を振り返ってみると，こういう指導をしたな，子どもはからだをこういうふうに使って，こういうイメージをつくって歌ったなとわかるわけです。すると私のなかに新しい合唱指導の『技術』というものが出来たわけです。」[11]

　この言葉から，教師が働きかけることに迷った時にこそ，独自の教授行為が生み出されてくることが理解できる。斎藤の言葉の中で重要となるのは，「その結果として新しいものが出た時を振り返ってみる」という部分であろう。すなわち，迷った状況から生み出された教授行為を，その場面に置き去りにすることなく振り返ることによって，反省的実践の力を身につけていくことが望まれるのである。

　第2に，「VTR中断法」[12]を用いて教授行為の構想力を高めることも，有効な手段であろう。VTR中断法とは，「録画された授業のポイント場面（通常は，重要な内容を学習する授業場面で，しかも教師にとって予期しない生徒行動が

第6章 音楽科授業における教師の思考様式(2)

見られた場面）でVTRを中断させ,『もしあなたがこの授業者であったら,どのような手だてを次にとるか』というように視聴者（教師）に教授行動の意思決定を求めるといった方法[13]」である。

このような方法を用いたトレーニングを行えば,視聴者は授業者に代わって教授行為の案を示すことを余儀なくされる。この案の提示は,熟考した後よりも瞬間的に行われた方がより効果的であろう。なぜなら,授業中において教師は,行為の中に埋めこまれた瞬間的な思考,すなわち行為の中の省察を要求されているからである。

以上のようなトレーニングを,個人あるいは学校単位の研修会といった場に定着させることにより,教師は状況把握や判断に基づいた教授行為の産出能力を高め力量形成を促進させることが期待できる。

第3に,特に若い教師には様々な教授行為の先行例を追試する時期があってもよいであろう。他人の実践に学ぶことを通して,数多くの教授行為を生み出す力が身につくことが考えられる。これに関しては,これまで様々な研究が行われており参考文献も多数出版されているため,取り組みやすい方法の一つといえよう。

しかしながら,優れた実践への盲従のみを繰り返し,他人の教授行為をまねしさえすれば,自己の力量が高まっていくという短絡的な考えを持つことは極めて危険である。換言すれば,他人の教授行為の形を安易に追うことだけに終始してはならないことを意味している。

追った結果,成功することもあれば失敗することも多々あることであろう。その時,その成否の原因を省察する姿勢を持ちたい。なぜなら,このような省察が,「授業中の状況と追試した教授行為との間に一貫性があったか否かの判断力」を養うからである。このことを目的に追試は行われるべきであり,追試に挑む時期を早く脱却し,状況に応じた教授行為を生む能力を備えることが望まれているのである。

第Ⅱ部　音楽科授業に表れる教師の力量に関する事例研究

註

1) 教師の思考に関しては発話された働きかけ場面に記載したが，その思考がその場面のみでなく前後のいくつかの場面にも関与していないか，何度も授業の映像を注意深く確認しながら検討した。
2) 佐藤学・岩川直樹・秋田喜代美（1990）「教師の実践的思考様式に関する研究(1)——熟練教師と初任者教師のモニタリングの比較を中心に」『東京大学教育学部紀要』30，p. 184。
3) その授業中を見通しながら，かつその授業以降をも見通すような判断については，その授業以降を見通した判断にカテゴライズした。
4) Learning Disabilities の略。日本語では一般に「学習障害」と訳される。学習障害とは，基本的には全般的な知的発達に遅れはないが，聞く，話す，読む，書く，計算するまたは推論する能力のうち特定のものの習得と使用に著しい困難を示す様々な状態を指すものである。
5) この考察は，今回行われた授業，つまり合唱団モデルの授業に限定された調査結果に基づいている。したがって，本章の第3節の1，2，3項に示す内容は，他の授業モデル（創造的音楽学習モデル・授業書モデル・ふしづくりモデル等）を想定して提案しているものではない。
6) Tait, Malcolm & Haack, Paul（1984）*Principles and Processes of Music Education: New Perspectives*, Teachers College Press.（千成俊夫・竹内俊一・山田潤次訳（1991）『音楽教育の原理と方法』音楽之友社，pp. 111-112。）
7) 同上，p. 112。
8) 同上，p. 114。
9) 同上，p. 113。
10) 同上，p. 113。
11) 斎藤喜博(1984)『第二期斎藤喜博全集』第3巻，国土社，p. 361。
12) 吉崎静夫により提唱された思考研究法。これはシミュレーション法の一種に属するとされる。
13) 吉崎静夫(1989)「授業研究と教師教育(2)——教師の意思決定研究からの示唆」『鳴門教育大学研究紀要』教育科学編，4，p. 350。

第Ⅲ部

音楽科における教師の力量形成過程に関する事例研究

第7章
音楽科における新人教師の力量形成過程

　近年，新人教師の採用数が都市部を中心として増加傾向にある。団塊の世代に属する教師の大量退職に伴い，教育現場が教師不足の状態に陥ったため，このような現象が起こっているのである。多くの新人教師が希望に胸をふくらませ，教育現場に新風を巻き起こすことを願うばかりであるが，現実はそう甘くはない。このことに関して，木原は次のように述べている。

　　「初任教師は夢に描いていた教師像と現実のギャップの大きさに『リアリティ・ショック』を受ける。」

　衝撃の度合いに個人差は認められるものの，大多数の新人教師がこのリアリティ・ショックを経験するという。
　小学校音楽科においても，理想としていた授業を展開できず，日々困難に遭遇している新人教師が増えてきたことは，序章で指摘した通りである。このような状況を直視する時，音楽科において新人教師が様々な困難を克服し力量形成するための支援のあり方を検討することは，緊要な実践的課題であるといっても過言ではないであろう。
　そこで本章では第3章で述べた教師のライフステージの中で，新人期に焦点をあて，①音楽科授業において新人教師はどのような困難に遭遇するのか，②遭遇した困難に対しどのように立ち向かい力量形成していくのか，という2点について，事例調査を通して明らかにしていく。また，その結果を基盤として，音楽科における新人教師教育について検討する。

第7章 音楽科における新人教師の力量形成過程

第1節 調査の概要

（1） 調査方法

　平成20年度4月から3月までの12ヶ月間，小学校において音楽科授業を初めて実践した新人教師3名を選定し（ここでは，小学校音楽科授業を担当し未知の現実に初めて接する1年目教師とする），「音楽科授業を行う上でどのようなことに困ったり悩んだりしたか」について自由記述を依頼すると共に，インタビューを行った。調査実施は，年度最終月の3月とした。[3]

（2） 調査の対象者

　対象となる3名の選定に関して，次の二つの条件を設定した。
① 小学校音楽科授業を行う教師は，担任教師，専科教師，時間講師等，学校によって実情は様々であるため，今回は，そのような多様な立場からの声を収集することとした。
② 小学校音楽科授業を行うために初めて教壇に立った時点から12ヶ月が経過しようとしている教師であれば，正規採用，臨時採用の別を問わず選定することとした。[4]

　対象者のプロフィールは以下の通りである。
〈教師A（女性）〉
・学級担任（2年生）で音楽科授業も担当
・大学卒業後，即，A県に正規採用される
・常勤
〈教師B（男性）〉
・音楽専科（2年生～6年生担当）
・大学院卒業後，即，B市に臨時教諭として採用される
・常勤
〈教師C（女性）〉

・音楽専科（全学年を担当）
・大学卒業後，塾講師（数学担当，5年間），私立高校講師（2，3年生音楽担当，1年6ヶ月間）を経て，B市に臨時教諭として採用される
・週2日出勤の時間講師

(3) 調査内容

データの収集に関しては次の手順で行った。
① 音楽科授業を行う上で，どのようなことに困ったり悩んだりしたかについて，まず記述による回答を求めた[5]。
② 上記①で記述されたことがらについて，下記に示した六つの調査内容の観点から発話を求めた。

〈遭遇した困難等〉
・困ったこと・悩んだことの詳細。
・困ったこと・悩んだことが生じた原因は何だと思うか。

〈困難等の克服と力量形成〉
・困ったり悩んだりしたことを乗り越えるためにとった取り組みがあればそれは何か。
・乗り越えるための取り組みをする間に，自己の成長や気づきがあったか。あったならそれはどのようなものか。
・乗り越えるための取り組みのバックグラウンドとなるようなそれまでの学び・経験は何だと思うか。
・教壇に立つまでに経験しておきたいこと，身につけておきたいことは何だと思うか。
　　＊全て複数回答可とした

(4) 分析の方法

発話に関しては録音し，全て文字に起こした。次に，連続した一まとまりの発話の中に，複数の視点からの内容が混在している場合，一つの内容ごとに分

割し，分類上の単位となる文として整理した。

以上のようにして分割した1単位の文（以降，「単位文」と呼ぶ）を，同一の内容と考えられるものごとにまとめて，帰納的に分類した。分類の結果，8個のまとまりに区分されたので，再度それぞれの全文を読み直し適切に分類されているか検討を加えた。さらに，8個のまとまりそれぞれを的確に示すと考えられる表題を表7-1のように命名し，カテゴリーとした。

また，結果と考察において，発話をそのまま掲載する際，意味の分かりにくい部分には前後の文脈から考えて〔 〕をつけ筆者が補足した。また，発話が断続的で数カ所に飛んでいる，あるいは同じことが繰り返される，独特の口調である等，そのまま文字として記載すると分かりにくくなる場合は，内容を解釈し本来の意味を損なわないようまとめ直し要約とした。これを掲載する場合は，引用の末尾に「(筆者要約)」と示すこととした。

第2節　音楽科で新人教師が遭遇する困難

(1)　どのような困難に遭遇しているのか

今回調査した教師A～Cが遭遇した困難を表7-1として提示する。

表7-1　新人教師の遭遇した困難

	教師A	教師B	教師C	先行研究との合致
ア）教材選定に関する困難	2	1	0	
イ）子どもの状況が予想と違う・読めないという困難	4	3	1	○
ウ）音楽の指導方法を知らないことに起因する困難	5	0	1	
エ）授業の進め方に関する困難	8	2	2	○
オ）自己の音楽的能力に関する困難	0	1	0	
カ）自己の授業のあり方に迷うといった困難	1	1	1	
キ）障害児への指導に関する困難	1	0	0	
ク）評価に関する困難	1	1	0	

表7-1に示した通り，今回事例とされた新人教師は八つのカテゴリーに分類される困難と遭遇していた。これらの詳細について以下に示す。

ア）教材選定に関する困難：
　　教育目標に迫るにはどのような曲を選定するとよいのか分からない等，主に曲の選定に関する困難
イ）子どもの状況が予想と違う・読めないという困難：
　　子どもの状況を予想・把握できない，想定外の子どもの状況に困惑する等の困難
ウ）音楽の指導方法を知らないことに起因する困難：
　　リコーダーのタンギングの指導法，裏拍のとらせ方等，音楽の指導方法に関する知見・技術の不足に起因する困難
エ）授業の進め方に関する困難：
　　授業の最初に既習曲を歌って導入とするのか否か，鍵盤ハーモニカの個別指導と全体指導の時間的バランスをどうするのか等，授業の進め方や授業ルーチン[6]，それらのバリエーションの確立に関する困難
オ）自己の音楽的能力に関する困難：
　　うまくピアノ伴奏できない等の自己の音楽的能力に関する困難
カ）自己の授業のあり方に迷うといった困難：
　　自己の授業は何に主眼をおいてどのようにありたいのかといった迷い，授業のクオリティーに対する反省等，自己の音楽科授業に対するとまどいに起因する困難
キ）障害児への指導に関する困難：
　　立ち歩く，勝手に楽器をならす等の障害児への対応が分からないといった困難
ク）評価に関する困難：
　　評価規準・基準等が曖昧でどのように評価してよいのか分からないといった困難

　表7-1に示した数字は，各教師から発話された困難についての単位文の数である。教師Aが発話した困難を数的上位から見ると，「授業の進め方に関する困難」が8，「音楽の指導方法を知らないことに起因する困難」が5，「子ども

の状況が予想と違う・読めないという困難」が4と続く。他の教師も同様に見ることとする。

　教師Aが最も多くの困難について発話し，多岐にわたる内容を示していることが理解できる。教師Bも同様に，様々な困難に遭遇したと答えている。一方，教師Cの発話は数が少なく項目も限定されている。

　これらの結果を，先行研究の結果と比較して検討する。ここでいう先行研究とは，吉崎が指摘した新人教師の発達課題，つまり彼らが抱える困難のことである。吉崎は新人教師の困難点として，「子どもについて読むことが難しいこと」や，「授業ルーチンや授業の進め方の確立が難しいこと」等をあげている。この指摘は，ドーナ・ケーガン（D. M. Kagan）が40件の研究をレビューして提唱した「初任教師の特徴」と，佐藤が示した「初任教師の抱える問題点」と吉崎の調査結果を総括したものである。

　このことを踏まえ再度表7-1を確認すると，吉崎の先行研究に合致した項目は，「子どもの状況が予想と違う・読めないという困難」「授業の進め方に関する困難」であった。興味深いことに，この二つの困難には教師A～C全員が遭遇したと答えている。このことから考えて，この二つの困難は音楽科においても多くの新人教師が避けては通れないものと捉えて間違いはないであろう。先行研究との合致は見ないが，教師A～C全員が共通して遭遇したものとしては，他にも「自己の授業のあり方に迷うといった困難」が確認できた。これは先行研究との合致は確認できないが，今回，立場の違う3人の教師が異口同音に遭遇したと唱えるものであり，多くの新人教師にあてはめることのできる音楽科授業における困難と解釈することもできよう。

　そこで，これら三つの困難に焦点をあて，事例を通してさらに詳細を見ていくこととする。

（2）　新人教師が共通して遭遇した困難の事例
① 子どもの状況が予想と違う・読めないという困難
　子どもの状況が予想と違う・読めないという困難は，三つの種類に分けられ

た。

　一つ目は,「子どもの音楽的能力・発達に関すること」である。これについて,教師Cは次のように述べている。

> 「ああもうこれくらいでできたんだ〔演奏できるようになったんだ〕と思ったら次の瞬間には,できなくなっていたり,（途中省略）私の予測とはだいぶ違ったってところがあって……。」

　教師Cは,過去に高校で音楽を1年6ヶ月間,塾で数学を5年間にわたり教え,教授する経験はある程度積んできたといってよい。それにもかかわらず,初めて教壇に立つ小学校では,子どもの音楽的能力や発達がことごとく自分の予想と違っていて,実態把握をするのに困難を極めたという。とりわけ技術指導の多い音楽科において,子どもの音楽的能力や発達が予想と違う・読めないということは,ねらいの定まらない授業を生み出す要因の一つであると考えられ,軽視できない問題といえよう。
　二つ目は,「子どもの音楽に対する意欲・態度に関すること」である。これについて教師Aは次のように述べている。

> 「音楽が嫌いという子が多かって,自分の歌声に自信がなかったり,今まで〔楽しく〕やっていたのに,急にやる気をなくしたりして……。」

　教師Aは,予想以上に子どもの意欲がなく,態度が毎時間あるいは瞬間ごとに違うことにとまどい,その状況をどう読んでよいのか分からなかったという。これは,子どもが今何をしたいと思っているのか,どこでつまずいているのかといった状況を教師自身が把握できないことに起因する問題と考えられる。このような状況把握の困難に関して,木原は次のように述べている。

> 「目の前の子どもの意欲や理解の状況を把握して即時に適切な意思決定を

する柔軟で個性的な教授行為が, 初任教師の達成困難な課題とされている。」[10]

　新人教師の状況把握や意思決定における困難に関しては, 優秀な熟練教師との違いとして第5章でも指摘してきた通りであり, 本章における調査つまり第5章とは別の調査でもそれが明らかとなったのが興味深い。
　三つ目は, 「教師と異質な実態を呈する子どもに関すること」である。これについて, 教師Bは次のように述べている。

　「〔子どもたちは〕もう平気で楽譜破りますね。これに関してはもう正直, もうなんか, あきれてしまうぐらい……。」
　「楽器も傷だらけですし, 木琴なんかガンガンガンガンしますし〔乱暴にたたきますし〕……。」

　音楽に向き合う上で, 楽器や楽譜を大切にすることを当然のこととして行ってきた教師Bは, 子どもたちの乱暴な振る舞いが信じられなかったのである。彼は, 教師と異質な子どもの実態にとまどいを覚えている。このことに関して佐藤は次のようにいう。

　「〔自分と同質の文化集団の範疇で育ってきた若い教師は,〕学校文化に反抗的な子どもたちと対面したとたん, なすすべもなく殻を閉ざして, 子どもたちとの共通の接点を失ってしまうのだろう。」[11]

　子どもと教師が心を開き合って表現活動することが極めて重要となる音楽科授業において, 子どもとの接点を失うことは教師にとって致命的ともいえることであろう。
　以上三つの事例からも分かるように, 子どもの状況が予想と違う・読めないという困難は, 理想と現実のギャップに困惑するリアリティ・ショックの大き

な一側面であると捉えることができよう。

② 授業の進め方に関する困難

　授業の進め方に関する困難は，二つの種類に大別することができた。
　一つ目は，「授業の流し方・展開の順序に関すること」である。これについて教師Aは次のように述べている。

>「実際，教育実習行った時も国語，算数とか〔の授業〕は見せてもらう機会がすごくあったけど，音楽っていうのは見てないなと思って……。実際自分がやるとなって，一体どういう流れで進んでいくんやろうと〔思った〕。45分の流れてどんなんかなぁと……。初め悩みました。」

　筆者の経験から考えても，教育実習において観察できる授業や実習生に課せられる研究授業の教科は，国語科・算数科が圧倒的に多く，音楽科であることが極めて少ないということは，うなずける事実であろう。これは，音楽科の時数が少ないことや，得意として実践できる教師の数が少ないことに起因する，といった推察も可能となるであろう。
　二つ目は，「授業ルーチンに関すること」である。これについて，教師Cは次のように述べている。

>「音楽だから感性豊かに，子どもに任せて自由に発言させようとしたら，とめどなく発言が続き，悪ふざけする子や聴いていない子が現れる等，けじめのない授業になってきた。発言だけでなく歌でも同様の現象が起こる。」（筆者要約）

　この発話から教師Cは，授業ルーチンの確立が困難であることを問題にしていることが理解できる。また，教師A，Bにも同様の傾向が見られた。授業ルーチンを確立するには，ある程度の経験と力量が要求される。したがって，新

人教師にとってそれが困難であることは，至極当然のこととして捉えることができよう。

③ 自己の音楽科授業のあり方に迷うといった困難

自己の授業のあり方に関して，3名の教師は次のように述べている。

> 教師A：「楽しそうにはしとう〔している〕けどな，みたいな。そんなに〔音楽の〕技術的にすごく進歩しているっていうのもなく，楽しんではいるがどうなんだろうという……〔教育内容を身につけさせる授業になっているのか……〕。〔音楽に〕浸るっていうのがほんとないんです。」（筆者要約）
> 教師B：「楽しさを第一に考え，毎時間爆笑が起こるような音楽ショーのような授業になってしまっていた。授業のねらいに到達するよりも『あー楽しかった』だけで終わってしまっていて，これは funny であって interesting になっていないと悩む。」（筆者要約）
> 教師C：「子どもの技能が授業前よりも一つでも成長したのか，そのような授業をしたのかと考えると悩む。と同時に，授業後，音楽と全く関係ない話をしながら帰っていく時には，ああ楽しくない何にもない授業だったんだろうなと思って，ちょっと悔しくなる……。」（筆者要約）

以上の発話から3名とも，音楽の楽しさを味わわせることと，授業のねらいに迫りその内容や技能を習得させることの2点を，1時間の授業に同時に盛り込むことの難しさに悩んでいることが確認できる。とりわけ，教師Bのいう「これは funny であって interesting になっていない」という悩みは，新人教師だけでなく，音楽科授業を行っている全ての世代の教師にあてはまることといっても過言ではないであろう。いずれにせよここでは，楽しみながら，かつ音楽科のねらいや内容に迫り技能を習得させていくことの難しさに，新人教師の段階から気づき始めていることを押さえておきたい。

第Ⅲ部　音楽科における教師の力量形成過程に関する事例研究

第3節　困難を乗り越える営みと教師の成長

　本節では，前節に述べた3名に共通する困難に対し，それぞれの教師がどのように乗り越えようとしたのか事例を示す。

(1)　子どもの状況が予想と違う・読めないという困難を乗り越える
　教師Aは，予想外に音楽嫌いの子どもが多く，彼らの意欲・態度が毎時間あるいは瞬間ごとに違うことにとまどっていた。学校生活に音楽が少ないことがその原因であると考え，日常的に音楽環境を充実させることに努めたという。休み時間になるとオルガンでアニメソングを弾いたり，子どもに話しかける時も，言葉に簡単なメロディーをつけて楽しく会話した。彼女の育った家庭には音楽が常にあふれていたため，教室もそうあってほしいとの願いがこの取り組みのバックグラウンドになっているのかもしれないと振り返る。このような取り組みを繰り返すうちに，音楽活動に対する子どもの意欲やその状況の変化が少しずつ読めるようになったという。教師Aは次のように述べている。

　　「けんかした子がおって，二人〔で〕泣いとったんですよ。〔それで〕私が行って，話聞いとったら，他の見とった子が『もう，いいやん，いいやん，仲直りしようや』みたいな感じになってくるじゃないですか。そんな空気になった時に，〔ある〕女の子が，『○○さん，△△さん，な・か・よ・し・こ・よ・し〔○○さん，△△さんは，けんかをしていた子〕』って，リズムつけて，あの子なりにメロディーをつけて，一人で歌い出して……。そしたら，〔クラスの〕みんながまねをして，その子がつくったメロディーを歌ったんですよ。（途中省略）そしたら，けんかしとった子が笑って，結局爆笑で終わったんですけど。」

　　「そんなんをいう子らじゃなかったのに〔音楽を日常的に口にする子らじゃなかったのに〕，変わってきたなあ……と〔思った〕。」

教師Aはこの時，子どもと一緒に笑いながらも，仲裁した子の気持ちや教室に芽生え始めた音楽文化のようなものを感じることができたという。この教師Aの事例は，音楽活動に対する子どもの意欲やその状況の変化を教師が把握することの重要性を物語っているといってよいであろう。

　教師Bは，楽器を乱暴に扱ったり楽譜を破るという，予想だにしなかった自己と異質な子どもの実態にとまどいを覚えていた。

　しかし教師Bは，前述した佐藤の指摘のような状況に陥ることなく困難を克服しようとした。彼は殻を閉ざしてしまうのではなく，子どもたちに真正面から向き合い，自ら楽譜を大切に扱い愛着を持って使う姿を見せ続けた。すなわち，好ましくない子どもの実態を絶対に認めず，矯正するべく身をもって指導を続けたのである。その一方で教師Bは，教科書に掲載されているような曲を好まないという自己と異質な子どもの実態は，あっさり認めている。このクラスの子どもたちは，Ｊポップやロックなどを好む者が多く，あるプロ野球チームの応援歌をどなるように歌って盛り上がり，教師Bの提示する教科書の曲には全く興味を示さなかったという。

　このような状況の中，教師Bは子どもの好みの音楽を認めつつ，自己の提示する教科書の曲にも興味を持たせるために，子どもの前で，彼らの好きなドラムをたたいた。すると子どもたちは，教師Bを尊敬するようになり始めたという。また，子どもの好きなあらゆるジャンルのCDを音楽室において，いろんな機会にかけることにも取り組んだ。それ以降子どもたちは，自分たちの好きな音楽を理解してくれた教師Bに少しずつ信頼を寄せ，次第に教科書に掲載されている音楽でも授業を受けようという気持ちになっていったという。

　この取り組みから教師Bは，子どもの音楽を理解しようとすることは，子どもが教師の提示する音楽で授業を受けようとする態度に結実するということに気づいたという。同時に教師Bは，上記の二つの例にあるように，子どもの実態として認めないことと認めることの見極めの重要さを思い知ることとなったのである。

　子どもの音楽的能力・発達に関して予想できなかった教師Cは，小学生の実

態に関してあまりにも無知であったことが困難の生じた原因であると反省し、子どもたちを知ろうと努力した。教師Cは次のように述べている。

> 「〔音楽科では〕いろんなこと〔歌唱・器楽・鑑賞・音楽づくり等〕をしていくので、その都度、例えば歌は上手だけど、例えばリコーダーはすごく苦手だとか（途中省略）、〔子どもそれぞれの特徴を〕いろんな面から見て、こちらが把握するには、やっぱり１ヶ月はかかったと思います。」
> 「授業前後のちょっとした〔子どもとの〕会話で、音楽とは関係のない話をちょっとしたりする中で、例えばリコーダーはすごく指が動かなくても、ドレミをぱっと読めたりする子なんかには『ピアノかなんかやってるの』『なんか音楽習ってるの』みたいな話を振ってみたりとかしながら〔尋ねたりしながら〕、その子の好きなこと〔音楽〕とか、その子はどういう〔音楽的な〕背景を持ってるんだろうなんかを、探ろうとしてみたり……。」

教師Cは、授業中子どもがどこまでの技術を身につけているのか個別に確認し、その状況把握にも努めた。このような営みの中で、子どもの能力や発達を授業中あるいは日常的に把握しようとする教師の姿勢こそが、音楽科授業を支える生命線であることに気づいたという。

（２）　授業の進め方に関する困難を乗り越える

教師Aは、授業の流し方・展開の順序が分からず困っていた。教育実習等で多くの音楽科授業を見ていないことが原因と捉え、４月から同僚の授業をたくさん見たという。見るだけでなく、数多くの質問を投げかけアドバイスも受けている。教師Aは次のようにいう。

> 「いろんな先生にきいたら、いろんなやり方があって、どれがいいんかな〔よいのかな〕というのは、いろいろやってみて、やってみていく中で、

ああ，これはあかんな〔ダメだな〕っていうのはあったし（途中省略）……。まあ，いろいろやってみたら，何個か〔自分に〕合うのがあったなと。で，それを残して……。3学期くらいになったら〔授業の〕流れが分かってきた。」

　この言葉からも分かるように教師Aは，同僚の様々な授業展開を検討し試行錯誤した末，自分のクラスの実態に合う方法を残していったのである。また，音楽科という教科の特質上，授業は教師によってやり方や雰囲気が大きく異なっていたため，それぞれの個性やカラーを出して実践すればよいことにも気づいたという。
　教師Cは，子どもの豊かな感性を重んじるため，授業において自由な雰囲気を大切にしたら，悪ふざけした発表や，他者の発言を聞かない子どもが続出して収拾がつかなくなり困っていた。そこで，聞く態度の確立，発言の仕方といった授業ルーチンの確立に努めた。教師Cは次のように述べている。

「ルールを決めたというんですか，例えば一人1回ずついってみようかという感じで最初に一つ条件を出していわせてみるとか，あとは一番わあっと盛り上がった時にさあっと引くというのか，ぱあっと盛り上がって，わあおもしろい意見が出たとなった時に，そのノリの流れで次の話に進めていくようにする〔切り替える〕というんでしょうか，はい，そこで終わりというふうにするのじゃなくて，流れで盛り上がった山場が来たらそのまま，じゃといって今度私の方がリードしていくというようなタイミングを逃さないというんでしょうか。これ以上ほうっておくと収拾つかないなというところに対するこちらのアンテナが必要だなということを感じて意識するようになったかなと思います。」

　この言葉からも分かるように，教師Cは授業の中にルールや活動の切り替えといった意識を持ち込み，それを子どもと共有しようと努力している。このよ

うな取り組みの中で教師Cは，授業ルーチンの確立と共に，子どもに自由に任せるところと教師がリードして指導するところの，ちょうどよいバランスを意識するようになったという。

（3） 自己の音楽科授業のあり方に迷うといった困難を乗り越える

　前節に示した通り3名の教師全てが，楽しみながら，かつ音楽科のねらいや内容に迫り技能を習得させていくことの困難に直面していた。
　教師Aは，楽しいだけの音楽科授業でなく，音楽的技能や内容を身につけさせなければならないのではないかと疑問を抱きつつも，いまだに楽しいだけの音楽になってしまっていると自戒の念を込めていう。教師Aの言葉を引く。

　　「私の力不足です。指導力がないから，そういうところに〔音楽的技能や内容を身につけさせるところに〕持っていけないのかなあ……。」

　この言葉のように，教師Aは自分の力量が足りないことを反省してはいるものの，この困難を乗り越えるための方法は模索中だという。これは極めて当然のことであろう。なぜなら，前述したようにこの困難は，音楽科に携わる全世代の教師にとって永遠の課題であると考えられるからである。したがってここでは，教師Aの力量が未熟であることを指摘するのではなく，むしろ重要となるのは，自らの授業のあり方を問い続けるという姿勢が備わり始めている点を評価することであろう。
　教師Bは自己の教材研究不足をその原因と捉え，楽しい授業の中にワークシート等を導入し，ねらいに迫れるような工夫をしてきた。教師Bは次のように述べている。

　　「例えば，曲を聴いてどんな場面を想像するか，子どもに〔ワークシートを使って考えさせ〕発言させる時，こっちも〔教師も〕これが正解，これがだめというのでなく〔こんな情景がモチーフとなっていますというよう

な答えをいうのでなく〕，幅広くして……。明確なねらいは持ちつつも，〔ワークシートに〕書かせる内容とかは，子どもの多様な発想を確保できるようにした。」(筆者要約)

　このような取り組みの中で教師Bは，ねらいを設定しつつも強制的な授業にならず，多様な子どもの音楽の世界を認め合えることの大切さをさらに意識するようになったという。
　教師CもBと同様，教材研究をして，ぶれない目標やねらいを設定し，それに迫るための教具あるいは教授行為の準備を万全にして臨み，楽しさも保障できる授業を目指してきたという。教師Cは次のように述べている。

　　「やっぱり〔楽しくやろうと〕授業に気合いを入れるというか……。また，今日は絶対これをやろう〔ねらいにしよう〕とか，私自身が授業の目標を持つっていうんでしょうか。準備を〔しっかり〕するとか。」

　教師Cはこのような営みの中で，教師自ら音楽を楽しめば子どもも同じように楽しむのだ，ということにも気づいたという。

第4節　調査から得られた示唆

　本節では，調査結果から導かれた「音楽科における新人教師の力量形成のための示唆」を提示する。

(1)　子どもの状況把握に基づいた教授行為の重要性を認識する
　子どもの状況把握に基づく教授行為に関して，再度木原の言葉を引く。

　　「『目の前の子どもの意欲や理解の状況を把握して即時に適切な意思決定をする柔軟で個性的な教授行為』に立ち向かうことが求められよう。」[13]

これはどの教科にもいえることではあるが，とりわけ音楽科は教科の特質上，どこまで技術が定着したかを推察する瞬間的な音の聴き分け，活動に対して子どもが心を開き没頭しているか否かといった見極め，子どもの歌う（演奏する）姿勢や表情等の身体的所作の見極め等，多様な認知能力が教師に要求されると考えられる。

　そのためには第5章でも提案したように，刻々と変化する子どもの瞬間的な状況を一つたりとも見逃すまいとする姿勢が重要となろう。すなわち，授業を進めながらも子どもの細部まで捉える力を持ち得るような，いわば観察者としての授業者になれるような訓練を積むことが肝要であるといえよう[14]。さらに，この前提として，子ども全員の音楽的能力，興味関心の対象等，多くの情報を事前に把握しておくことの重要性も併せて指摘しておきたい。

　このように，第5章でも指摘された点，すなわち新人教師が力量形成するためには状況把握としての思考を磨きあげることが極めて重要であることが，本章においても別の形で再度確認されたのである。

（2）　教師と異質な子どもの実態に遭遇した時，認めないこと，認めることの瞬間的な見極めを大切にする

　リコーダーで楽器をたたく，楽譜を破る等の教師と異質な子どもの実態に遭遇した時は，当然ながらそれを認めるわけにはいかない。たとえ長い時間がかかろうと，指導し改善させていく必要がある。

　その一方で，教科書に掲載されているような曲を好まないといった子どもの実態が，たとえ教師と異質なものであったとしても，それは認めていく必要があるといえよう。なぜなら，音楽には様々なジャンル，スタイルが存在し，それに対する嗜好，価値観等も人それぞれ千差万別であるからである。

　この二つの例のように，子どもの実態として認めることと，認めないことの規準を明確にしておくことは極めて重要といえよう。新人教師は，この規準が不明確であったり，ぶれたりするので失敗をすることが多いと考えられる。自由で多様性に富む音楽を扱う授業ゆえに，子どもは多様な実態を教師にさらけ

出してくる。そこで大切なことは，教師が子どもの実態に対して，心を閉ざすことなくその本質を見極め，明確な規準に照らし合わせて判断しようとする姿勢であるといってもよいであろう。

（3） メンターを活用して授業の進め方を試行錯誤する

メンターとは「経験を積んだ専門家[15]」のことであり，新人教師にとっては先輩の同僚，指導教員らを指す。教師Aのように，メンターである同僚の教師に質問し自己の授業の流れを模索することは，新人教師の成長の糧となるといえよう。また，新人教師の成長にメンターの存在が欠かせないことは多くの研究者によって指摘されてもいる[16]。

しかしながら，筆者の知る多くの教師は「音楽科は授業展開についてアドバイスできる教師が少ない教科である」ことを指摘する。さらに，教師Aは「音楽科は，国語科，算数科に比べ教育内容，指導方法が校内の全教師に意識されていないような気がする。できなくてもいいような雰囲気もある」（筆者要約）と述べている。

このような指摘を踏まえ，①校内の全ての教師が音楽科の存在意義を再確認すること，②校外にもメンターを求めること，の2点に配慮して新人教師の力量形成を図る必要があるといえよう。

（4） 音楽科特有の授業ルーチンを模索する

音楽科は授業を成立させることが難しい教科である。第2節の（2）で教師Cがいうように，授業ルーチンの側面から考えても，それは証明できよう。例えば，授業中教師は音を出して表現する時と音を出さずに聴く時の切り替えを，子どもに何度も要求することがある。しかもこの切り替えは，威圧的でなく明るい雰囲気を伴うものでなければ，楽しい音楽科授業など到底望むことはできない。このような切り替え，すなわち授業ルーチンの確立には高度な力量が要求され，新人教師には極めて難しいことであろう。

このことに関して，序章で述べた緒方の言葉を再度引く。

> 「音楽科の授業は，他教科と比べて，授業の成立という点において非常に脆弱な性質を有しています。」
> 「経験の浅い教師の場合には，自立しきれていない多数の子どもを抱えながら，全員いっせいに歌わせたり，聴かせたりすることは容易なことではありません。」
> 「さらに難しいことは，音楽科授業では和やかで豊かな音楽教室の雰囲気や学習活動も求められるので，教師が威圧的嫌悪的な手法だけによって短絡的に授業を営むことは極力避けなければなりません。」[17]

　緒方の指摘は，音楽科において授業ルーチンを確立させる難しさを物語っている。新人教師は，子どものノリのよさや和やかな雰囲気を保ちつつも授業にけじめや切り替えを生じさせるといった音楽科特有の授業展開を，常に模索する必要があることを指摘しておきたい。

(5) 自己の音楽科授業のあり方を追求し続ける

　今回の教師は3名とも，楽しみながらかつ音楽科のねらいや内容に迫り技能を習得させていくことの難しさに，新人教師の段階から気づき始めていた。この気づきは，自らの音楽科授業を振り返ることによってそのあり方に疑問を抱き，どのように改善すればよいのか追求し続けた結果導かれたと解することができる。このように新人教師にとっては，佐藤のいう「所定の統制の技術や授業の形式を模倣し習熟することに限定されるのではなく，当面する困難の克服を，教材と子どもの尽きることのない発見の文脈で追求し，生涯にわたる専門的な成長の第一歩に位置づける」[18]という姿勢が極めて重要なのである。

　第2節で3名の教師が問題視したように，とりわけ音楽科においては，「刹那に興味関心を引くだけの短絡的な楽しさ」と「技能や感性の高まりに伴う実のある楽しさ」の違いを中心に自らの授業を振り返る，といった姿勢が重要であるといえよう。

　また，そのような振り返りには，自らの音楽体験が大きく影響していること

を3名の教師は指摘している。つまり，教師自身の豊かな音楽体験を基盤とした授業の振り返りを積み重ねることこそが，新人教師の成長を促進する原動力となると解することができるのである。

（6） 困難を成長のためのレッスンと捉える

ここまで，新人教師の遭遇する「困難」とか「リアリティ・ショック」といったネガティブな響きを持つ言葉を用いてきた。しかしながら，本章で紹介した新人教師は3名ともネガティブな態度をとることなく，困難を乗り越えようと試行錯誤し，何らかの気づきを得て自らを成長させていた。このような若者たちの姿を目のあたりにする時，遭遇する「困難」の正体は，実は「困難」などではなく，「成長のための大切なレッスン」というポジティブな営みであると考えることもできるのである。

今回の3名の新人教師には，たとえ「困難」に遭遇しようとも，それを「大切なレッスン」に変換し乗り越えようとする若さゆえのたくましさを感じることができた。すなわち，調査から得られた示唆として上記（1）～（5）に述べた具体的な方法が成功するか否かは，「困難」を「大切なレッスン」と変換して考えられるような，ポジティブな精神状態がその鍵を握っているとも考えられよう。

註
1） 村山と氏岡は以下の著書で，特に都市部を抱える首都圏と近畿圏において，新人教師の数が増えていることを，年齢別教員数のグラフを用いて説明している。以下参照。
村山士郎・氏岡真弓（2005）『失敗だらけの新人教師』大月書店，pp.11-12。
2） 木原成一郎（2007）「初任者教師の抱える心配と力量形成の契機」グループ・ディダクティカ編『学びのための教師論』勁草書房，p.30。
3） 「忘却」や「後付けの合理化」等のバイアスを極力避けるため，1年目終了月にインタビューすることとした。
4） 対象を正規採用教員に限定すると，正規採用1年目といえども，過去に小学校において臨時的任用等で教職経験を積んだ者，つまり純粋に1年目と呼べないような教師

を選定する可能性がある。したがって今回の調査では，小学校音楽科において初めて教壇に立ってから12ヶ月が経過しようとしていることを最優先し，正規採用，臨時採用の別を問わないこととした。
5) 記述に際し，授業中の困難，悩みだけでなく，授業前後に感じたことも振り返るよう指示を与えた。
6) 授業ルーチンとは，吉崎によって次のように定義されている。
「授業ルーチンとは，授業が持つ認知的複雑さを軽減するために，教師と子どもとの間で約束され，定型化された一連の教室行動のことである。」
教育現場では，授業ルーチンを「学習ルール」と呼ぶことも多い。吉崎は授業ルーチンを確立することが新人教師にとっての発達課題であるとし，教科ごとの授業の進め方を確立することの重要性を提唱する。しかしながら，それが紋切り型でパターン化されすぎないようバリエーションをつけることも重要であるとしている。本稿でも，吉崎の定義に従う。以下参照。
・吉崎静夫（1997）『デザイナーとしての教師，アクターとしての教師』金子書房，pp. 25-29。
7) 吉崎，前掲書，pp. 24-29，註6参照。
8) Kagan, D. M. (1992) "Professional growth among preservice and beginning teachers," *Review of Educational Research*, 62(2), pp. 129-169.
9) 佐藤学（1989）『教室からの改革――日米の現場から』国土社，pp. 178-180。
10) 木原，前掲書，p. 34，註2参照。
11) 佐藤，前掲書，pp. 175-176，註**9**参照。
12) 同上，pp. 175-176。
13) 木原，前掲書，pp. 35-36，註2参照。
14) 具体的な訓練の方略に関しては，第5章に詳しい。
15) 木原，前掲書，p. 31，註2参照。
16) メンターの役割については，前掲の佐藤の著書（pp. 182-183，註9参照）に詳しい。
17) 緒方満（2009）「小学校音楽科教師からの幼児音楽教育への提言――音楽科教育の現状と課題を交えて」『幼児の音楽教育法――美しい歌声をめざして』ふくろう出版，p. 105。
18) 佐藤，前掲書，p. 181，註9参照。

第8章
新人教師の着眼点に見る音楽科教員養成の方向性

　第7章では，音楽科において新人教師は多くの困難に遭遇していることが確認された。しかしながら調査対象となった3人の新人教師は，困難につぶされることなく，それを乗り越えようと様々な取り組みをしていた。その姿は実にたのもしいものであったが，全ての新人教師がこの3人のようにはいくまい。序章でも述べたように，音楽的能力を充分に備え教師として希望に満ちあふれていたにもかかわらず，授業を成立させることができないため休職に追い込まれた新人教師を筆者は知っている。それほどまでではないにしろ，理想とする音楽科授業を展開できず，日々悩んでいる教師が増えてきたことも事実である。
　このことについて迫田は次のように述べている。

　　「4月，いくつもの学校に大学を出たばかりの先生が赴任する。（中略）5月に入ると次第にいうことを聞かない子どもたちが生まれてくる。（中略）6月，7月に入ると，教室には新卒教師の怒鳴り声が毎日のように響いてくるようになる。やがて学級崩壊へ突き進み，悩み苦しみ，休職に追い込まれる教師も出るようになる。」[1]

　迫田の報告を真摯に受け止める時，新人教師に対する教育（in-service education）に併せて，教員養成段階の学生に対する教育（pre-service education）が今後さらに重要となることは，衆目の一致するところであろう。すなわち，教育現場に出てすぐに活躍できるような，いわば即戦力となり得るような教員養成段階の教育プログラムを開発することは，焦眉の課題であるといっても過言で

はあるまい。また，そのような教育プログラムは，新人教師が教育現場に入ってすぐに「何」を必要としているのかという事実を踏まえた上で作成されることが望ましいといえよう。

　そのようなプログラム開発の礎として本章では，新人教師は熟練教師の音楽科授業の「何」に着目し「何」を得ようとしているのかについて調査することにより，彼らが教壇で「何」を必要としているのかという実態への接近を試みる。さらには，そこから見えてきたことを基盤として，音楽科における教員養成教育の方向性について論及する。

第1節　調査の概要

（1）　調査の手順

　平成16年6月兵庫県A市において初任者研修会が開催された。研修会では，熟練教師が音楽科授業を行い新人教師がそれを参観した。授業が終了した約1時間後，新人教師は参観メモ等を参考にしながら感想を自由記述した。

　本章の調査は，その時の自由記述を集約・分析することにより進めることとした。

（2）　調査の対象者

　調査の対象者は，兵庫県A市内の小学校に勤務する新人教師（正規採用）29名である。全員の教職経験は，2年2ヶ月以下である。経験年数の内訳は以下の通りである。

- ・教職経験2年2ヶ月の者：10名
- ・教職経験1年2ヶ月の者：7名
- ・教職経験2ヶ月の者：11名
- ・教職経験1ヶ月の者：1名

　また，全員が学級担任である。[2]

（3）熟練教師の音楽科授業

公開授業を行った熟練教師のプロフィールは，以下の通りである。
・性別：男性
・教職経験：18年目（音楽専科，学級担任経験共にあり）
・今回の授業公開に先だって，A市教育委員会指導主事より「新人教師にプロフェッショナルな音楽科授業を公開していただきたい」と依頼を受けた。

公開授業の概要を紹介するため，指導略案を図8-1として提示する。

（4）調査データの集約・分類方法

自由記述中には，様々な視点からの感想が含まれているため，一つの内容ごとに分割することとした[3]。その際には，以下の点を考慮した。
・1文中に複数の意味が含まれている場合は，複数の内容に分けて捉え，記述の本意を損なわないようにまとめ直し表記した。
　例）「ボディーパーカッションで，短い音符を正確に刻む指示が出されたが，その指示がその通り（子どもに）伝わっていた」→「ボディーパーカッションで，短い音符を正確に刻む指示が出された」と「指示がその通り（子どもに）伝わっていた」
・同じ意味の内容が2文以上にわたって記述されている場合は，1文にし一つの内容と捉え，記述の本意を損なわないようにまとめ直し表記した。
　例）「授業の中での言葉かけ『個人をほめ全体をほめる』は，まとまった学級をつくる上で本当に大切だなあと感じた。クラス全体を一つの集団と意識づけるのに有効だと感じた」→「授業の中での言葉かけ『個人をほめ全体をほめる』は，まとまった学級をつくる上で本当に大切で，クラス全体を一つの集団と意識づけるのに有効だと感じた」
・意味の分かりにくい記述には，前後の文脈等から考えて（　）をつけ補足した。
・授業者への個人的な要望，今回の授業には関係のない内容等は省いた。

```
┌─────────────────────────────────────────────────────────────────┐
│             第6学年　音楽科学習指導 略案                          │
│○題材：「響きの美しさを感じて表現しよう」                           │
│○題材の目標：旋律と低音，長三度・短三度のハーモニー（以下，三度のハーモニーと略す），│
│　音の強弱等を意識しながら「声と声」「声と楽器」の響きの美しさを感じ取って表現する。│
│○教材：「つばさをください」（作詞 山上路夫／作曲 村井邦彦）         │
│○本時の学習                                                      │
│　(1) ねらい                                                     │
│　・曲想が変わるところを意識させ，その直前の小節・拍の役割に気づかせる。│
│　・曲想が変わる直前の小節・拍では，次に曲想がどのように変化するのかをイメージして表現│
│　　できるようにさせる。                                          │
│　(2) 展　開                                                     │
└─────────────────────────────────────────────────────────────────┘

| 学習活動 | 指導上の留意点並びに支援・評価等 |
|---|---|
| 1. 既習曲をリコーダーで演奏する。「エーデルワイス～ボサノヴァ風～」 | ・授業開始のウォーミングアップとし，リズムにのって演奏できるような伴奏に心がける。 |
| 2. 基礎練習をする。・ボディーパーカッション・発声練習 | ・ボディーパーカッションでは，短い音符を正確に刻むよう指示する。・発声練習では，移調しながら伴奏を行う。・ハンドサインを用いながら音高を指示する。 |
| 3.「つばさをください」の練習を通して，曲想に変化をつけた表現法を体得する。1) 曲想が変わる部分Ⅰ 17小節の4拍目について考える。 | ・17小節4拍目から曲想が変わることを意識させる。・16小節3から17小節目を取り上げ，どのように強弱をつけると音楽的な表現になるのか考えさせる。同時に，曲想が変わる直前の小節の役割に気づかせる。・低音パートには，17小節目の一点G（ソの音）を正確なピッチで歌わせる。○17小節4拍目からの曲想の変化に気づいたか○曲想が変わる直前の小節の役割に気づいたか |
| 2) 曲想が変わる部分Ⅱ 25小節の4拍目について考える。 | ・25小節4拍目で曲想が変わることに気づかせる。同時に，そこからはmpであることを確認し，どのように演奏したらよいかのイメージを持たせる。・25小節目を取り上げ，3拍目が曲想変化直前の重要な役割を担っていることに気づかせる。・1拍という短い音符の間に，fをmpに変化させるための，「気持ちの切り替え方」を示す。○25小節4拍目で曲想が変化することに気づいたか○短い音符の間に，音楽の持つエネルギー（音の強弱，音楽の勢い等）を切り替えて表現ができたか |
| 4. 本時のまとめの演奏をする。 | ・本時に学習したことをいかして歌ったり，演奏したりできるよう，特に予備運動に配慮した分かりやすい指揮をする。 |

図8-1　熟練教師の授業，指導略案

　例）「また伝授していただきたいです」

　以上に従って分割した内容を，様々な観点から分類しカテゴリーとした。それらを，数的に検討したり質的に吟味したりすることによって調査を進めた。
```

第2節　新人教師は熟練教師の音楽科授業の「何」に着目したか

(1)　自由記述の内容

各新人教師の自由記述に含まれていた内容の数を表8-1として提示する。

表8-1　各新人教師の記述内容の数

教師	A	B	C	D	E	F	G	H	I	J	K	L	M	N	O
内容の数	9	10	3	5	3	6	3	10	8	6	4	3	5	2	2

教師	P	Q	R	S	T	U	V	W	X	Y	Z	a	b	c	計
内容の数	1	3	4	0	2	5	4	2	3	6	3	0	9	3	129

＊アルファベットは各新人教師を表している

表8-1から，教師Aは9の内容を，教師Bは10の内容を含んだ記述をしていることが理解できる。C以降の教師も同様に見ることとする。

全教師が記述した内容数を合計すると129である。一人平均約4.4個の内容を記述していたことになる（Sとaの教師は今回の授業に関して無記入）。

129の内容はさらに，以下の二つのカテゴリーに分類することができた。

印象的な内容：「胸が熱く熱くなりました」「感動しました」等，漠然とした
　　　　　　　印象だけが記載された内容
焦点化された内容：授業者の教授行為，学習者の授業中の様子等，授業の何
　　　　　　　　　かに焦点をあてた具体的な内容

この二つのカテゴリーに分類した結果を表8-2として提示する。

表8-2　記述内容の分類

印象的な内容	焦点化された内容	合計
27	102	129

表8-2の通り，印象的な内容は27，焦点化された内容は102存在した。さらに細分類し，印象的な内容の内訳を表8-3としてまとめた。

表8-3から，熟練教師の授業は新人教師にとって衝撃的であったことが分か

表 8-3　印象的な内容の内訳

圧倒された	2
おもしろい授業	1
音楽の楽しさを感じた	2
感動した	5
情熱ある授業	4
子どもが素晴らしい	1
刺激を受けた	2
授業者に会えた子どもは幸せだ	2
授業者の他の授業も見たい	1
授業に引き込まれた	4
男性でもこのような音楽授業ができるのか	1
まねできない	1
私も頑張る	1
合　　計	27

る。熟練教師の情熱あふれる授業に引き込まれ，感動している様子を感じ取ることもできる。しかしながら，これらは授業の輪郭を印象的に捉えた内容であるため，新人教師が授業の何をみて何を得ようとしていたかの判断材料とはなり難い。そこで，102存在した「焦点化された内容」を検討していくこととする。

（2）　焦点化された内容

　102存在した「焦点化された内容」の分類結果を，表8-4として提示する。
　表8-4の通り，102の焦点化された内容は上位項目として大きく四つのカテゴリーに分けられた。すなわち，「授業者に関する内容」「学習者に関する内容」「授業者と学習者に関する内容」「回答者自身に関する内容」である。この中で，「授業者に関する内容」が39と最も多い。新人教師は熟練教師そのものに焦点をあて多くのことを学び取ろうとしていることが理解できよう。
　一方，「学習者に関する内容」に6と少ない。しかしながらこのことから，新人教師は，学習者，つまり子どもの姿にはあまり関心を示していないと捉えるのは早計であろう。なぜなら，「授業者と学習者に関する内容」は23存在していることから，新人教師は「授業者との関係における子どもの姿」には大い

第8章　新人教師の着眼点に見る音楽科教員養成の方向性

表8-4　焦点化された内容の分類

授業者に関する内容	39	授業構想 教授行為　4) 音楽科授業観，指導観等 これまでの指導	5 25 2 7
学習者に関する内容	6	授業中の子どもの様子 授業中の子どもの変容	5 1
授業者と学習者に関する内容	23	授業者と子どもの関係	23
回答者自身に関する内容	34	自己反省 今後の自分にいかす	13 21
合　　　計			102

に着目していることが見えてくるからである。つまり，新人教師は，教師との関係という観点から子どもの姿を捉えようとしていることが理解できるのである。

「回答者自身に関する内容」は34存在していた。このことから，授業参観を機に新人教師は自己を省察し今後の展望を見いだそうとしていることが推察できる。

これら四つのカテゴリーは以下の観点からさらに細分類することができ，下位項目として整理した。

〈授業者に関する内容〉

　授業構想：指導計画，学習目標，教材研究等，授業構想段階に関する内容

　教授行為：授業者の教授行為に着目した内容

　音楽科授業観，指導観等：教授行為や思考の基盤となる授業者の考え方に関する内容[5]

　これまでの指導：子ども個人や学級集団の高まりから，その授業までの教師の学習指導の積み重ねを直接的・間接的に指摘した内容[6]

〈学習者に関する内容〉

　授業中の子どもの様子：授業中における子どもの姿に限定された内容[7]

　授業中の子どもの変容：授業中，子どもがどのように変容したかについての内容

〈授業者と学習者に関する内容〉
　　授業者と子どもの関係：授業者の教授行為や意思が的確に伝わり，その指導に子どもが真剣に反応する様子，授業者と子どもの間に信頼関係や一体感がある，等についての内容
〈回答者自身に関する内容〉
　　自己反省：授業を見て教師としての自己を反省した内容
　　今後の自分にいかす：今回の授業を今後どのようにいかし，自分が何に取り組んでいきたいと考えているのかに関する内容

　表8-4から，多かった下位項目を見てみると，「教授行為」25,「授業者と子どもの関係」23,「今後の自分にいかす」21となっている。新人教師はとりわけこの3項目を中心に授業を見ていたことが理解できる。
　そこで，この3項目をさらに詳しく分析し新人教師が何に着目し何を得ようとしていたのか，考察を深めることとする。

① 教 授 行 為
　教授行為に関する25の記述を，その種類（定義は第4章「音楽科授業に見られる教授行為」を参照）によって分類した結果を表8-5として提示する。

表8-5　教授行為の種類

指揮	指示	視線	説明	範唱	評価	表情	一緒に歌う	ジョーク	その他	合計
3	3	2	5	1	3	2	1	2	3	25

　表8-5より，新人教師は様々な種類の教授行為に着目していることが理解できる。上位から，説明5，指揮，指示，評価，その他，それぞれ3，視線，表情，ジョーク，それぞれ2，範唱，一緒に歌う，それぞれ1の順になっている。
　指揮，範唱，一緒に歌う等の教授行為には，当然ながら教師の音楽的能力が必要である。加えて，指示や評価等には言葉の能力が，表情や視線等には授業パフォーマーとしての能力が必要となってこよう。このように考えると，新人教師は音楽的能力だけでなく言葉あるいはパフォーマンスの能力にも着目して

表8-6　教授行為に関する記述内容

音楽の指導そのものに着目	音楽の指導以外にも着目	合計
13	12	25

いることが理解できる。換言すれば、音楽科授業を行う上で、教師は自己の音楽的能力だけに依存していればよいのではない、ということを感じ取っているようにも受け止められるのである。

　このことは、記述内容にも顕著に表れていた。教授行為に関する記述内容を分類すると（表8-6参照）、「音楽の指導そのものに着目」したものが13であったのに対し、「音楽の指導以外にも着目」したものは12存在した。
「音楽の指導そのものに着目」した例を以下に提示する。
・（先生の指揮で）私もつい息をすったり、つい前のめりになったりしたのですが、子どもの力を引き出すのがなんて上手なんだろうと思いました。
・ピッチやリズムなどの細かい指示も的確にされている。
・曲想が変わるところを意識させ、それを子どもに気づかせる時の、先生の目の動きが大変印象に残った。

　以上の例より、新人教師は指揮法、ピッチやリズムの指示等、音楽の指導の観点から教授行為に着目していることが理解できる。このことから、新人教師は「音楽の指導としての教授行為」を学ぶことを重要視していると考えられ、音楽科としては当然の結果が表れているといえよう。
　他方、「音楽の指導以外にも着目」した記述12例は、三つのカテゴリーに分類できた（表8-7参照）。

表8-7　音楽の指導以外にも着目した記述

パフォーマンススタイル	授業の組織	学級集団の組織	合計
3	5	4	12

　表8-7を見ると、授業の組織に着目した記述は5存在した。以下にその例を提示する。

・ゆっくり始まるのではなく初めから（導入段階から）全開で（授業を）引っ張る姿を見せていただきました。
・先生が笑いをとって場を和ませたり，盛り上げたりされていた。

学級集団の組織に着目した記述は4存在した。次に例を提示する。
・授業の中での言葉かけ「個人をほめ全体をほめる」は，まとまった学級をつくる上で本当に大切で，クラス全体を一つの集団と意識づけるのに有効だと感じた。
・歌，曲の端々で学級経営の言葉が出ていた。

授業者のパフォーマンススタイルに関して言及したものは3存在し，その例は以下の通りである。
・先生の言動（教授行為）には「味」「らしさ」があると感じた。
・技術どうこうも関係しますが，何よりも先生自身そのものを授業に出されていた。

表8-7の例から，新人教師は「音楽の指導以外」の側面をも音楽科授業の中に多数見いだして，肯定的に捉えていることが理解できる。

以上をまとめると，新人教師は「音楽の指導としての教授行為」に併せて，「授業や学級集団を組織する教授行為」にも関心を持っていることが理解できる。また，教授行為のパフォーマンススタイルに，その教師の個性を投影する必要性を感じ取っていることも確認しておきたい。

② 授業者と子どもの関係

授業者と子どもの関係に関する23の記述は，その内容から二つのタイプに分類することができた。

一つ目は，以下の記述例に代表されるようなタイプである。
・先生の指揮に全身で反応する子ども，体を揺らし1点だけを見つめ真剣に歌い演奏する姿に感動しました。

・子どもも（先生の）一つひとつの表現に反応していたのが印象的でした。

これらの例から分かるように，一つ目のタイプには「教師の働きかけに懸命に応える子どもの姿」が記されており，このような記述は16確認することができた。

二つ目のタイプは，以下のような内容を含んだ記述である。
・先生の授業では，子どもの心をしっかりつかんでおられて，子どもが先生のことを信頼している様子が伝わってきた。
・男の子も女の子ものびのびと歌っていて，先生や友だちに対して心が開いているんだろうと感じました。

二つ目のタイプには，「教師と子どもの，あるいは子ども相互の信頼関係」が明記されている。このタイプは7存在した。

以上，新人教師が着目した二つのタイプは，一つ目が「応答関係」[8]を，二つ目が「応答環境」[9]を意味していると捉えてよいであろう。

すなわち新人教師は，応答関係として，教師の指揮が子どもの真剣な歌や演奏を呼び起こしていることに着目しているのである。また，そのような好ましい応答関係は，教師や子ども相互の心の開放感・信頼感といった応答環境を基盤としている点にも着目している。

応答関係や応答環境をつくり出すことは，音楽科授業が成立するための極めて重要なファクターであるといっても過言ではないであろう。このことに新人教師が着目し関心を示していることを，ここでは強調しておきたい。

③ 今後の自分にいかす

今後の自分にいかすことに触れた記述21の内訳を，表8-8として提示する。

表8-8 今後の自分にいかす：記述内容

教授行為	目指す像の設定	指導方法	合計
6	10	5	21

表8-8のように，新人教師が今後の自分にいかしたいことは上位から，目指す像の設定10，教授行為6，指導方法5と続く。

目指す像の設定の内訳は，目指す授業像5，目指す教師像3，目指すクラス像2となっている。それぞれの記述例は以下の通りである。

・私もそんな感動が持てるような音楽授業ができるようになりたいと心から思った（目指す授業像）。
・子どもの様子を的確に見極める感覚を養うことを現場で意識していきたい（目指す教師像）。
・子どもが真剣に返してくれるクラスをつくりたい（目指すクラス像）。

以上の例からも，新人教師は熟練教師の授業を見て刺激を受け，今後の自分に対して授業像，教師像，クラス像等，様々な像を目標として設定していることが理解できる。

次に，教授行為に関する記述例を以下に提示する。

・（音のイメージを）子どもに分かりやすく表現（説明）することを私も見習いたいと思います。
・私も構えず，自分の持っているものを音楽の授業に出していこうと思いました。

以上の2例は，前者が音楽の指導そのものに着目したもの，後者は音楽の指導以外にも着目したもの（上記の例は，授業者のパフォーマンススタイル）である。前述の指摘と同様に，ここでも，新人教師は教授行為に関して二つの側面を求めていることが確認できた。

指導方法に関する記述例は以下の通りである。

・歌声じゃなくて声が出せて，しかも楽しくリズムがとれる方法（ボイスパーカッション）なら，気構えることなく音楽に取り組めそうだと思いました。
・声を出したり体を動かしながらの基礎練習を考えていきたい。

第8章　新人教師の着眼点に見る音楽科教員養成の方向性

　以上の2例から，新人教師は音楽の指導方法を求めていることが理解できる。また，熟練教師の指導方法を分析することによって，自己の指導の幅を広げようとする姿をも垣間見ることができるのである。

第3節　音楽科における教員養成教育の方向性

　第2節における分析結果をまとめると，多くの新人教師が関心を抱いたり求めたりしているものは，以下のように示すことができる。
① 教授行為の方法（音楽の指導，授業の組織，学級集団の組織，パフォーマンススタイルの確立）
② 応答関係，応答環境を導く学級経営の方法
③ 音楽の指導方法[10]
④ 目指す像が設定できるような先輩の授業実践例

　このうち①②③は，教育現場で即戦力となるため養成段階でトレーニングしたい「音楽科における教育方法に関する側面」と考えられよう。また④は，目指す像を設定すること，すなわち目標に向かおうとする「教師としての成長に関する側面」といえよう。
　本節では，この二つの側面に焦点をあて，音楽科における教員養成教育の方向性を考察することとする。

（1）音楽科における教育方法を身につけさせる

　第2節において，新人教師が多く着目していることと，そうでないことが確認された。両者にはどのような違いがあるのであろうか。この点を追究することが，教員養成教育の再検討の鍵を握っているようである。再度，表8-4に注目して考えることとする。
　まず，新人教師が最も着目していた「授業者に関する内容」から，「教授行為」と「授業構想」を例にとってみる。「教授行為」と「授業構想」，両者とも教師の営為である。しかしながら，前者は授業中の，後者は授業前の営みとい

う違いがある。また前者は実際の子どもを目の前にしているが，後者は子どもと離れたところでその姿を想像しながら行われるのが通例である。

　新人教師が前者に大きく関心を示しているという事実は，実際に子どもを目の前にした時の営み，すなわち「どのようにして授業をするのか」といった方法に飢え，それを希求していたからだとはいえまいか。このことに関して向山らは，「新人教師が教育の方法を知らないのは，養成機関の授業で『授業の術』を教えない傾向があるからだ」[11]という意味の指摘をしている。

　養成機関において，教材研究の仕方，音楽科の教育内容の解釈，指導案の書き方等，教師が子どもを目の前にする以前の段階をトレーニングすることが，極めて重要な意味を持つことはいうまでもない。他方，子どもを目の前にした教育方法に関する追究も，同等に重要視されなければならないといえよう。[12]

　それを踏まえた上で，この項では調査結果に基づいて教育方法に焦点をあて，今後さらなる強化が望まれる内容に関して述べることとする。

① 教授行為に関する内容

　新人教師が着目していた項目の中で最も多かったのが教授行為であった。着目度の高さは必要度の高さを意味していると考えた時，養成機関において教授行為に関する実践的検証をさらに積む必要があるといえよう。[13]このことについて以下に3点述べる。

　一つ目は，「音楽の指導としての教授行為」に関してである。例えば，「躍動感あふれる合唱にしたい時の比喩を使った説明の仕方」「音楽ゲームで盛り上がり騒然となっている時の指示を出すタイミング」「よい例悪い例が分かりやすい範唱の方法」等，具体的な場面を想定しながらの検証を重ねることが重要となる。このような指導の際，学生を教師と子ども役にし，理論だけでなくロールプレイしながら，瞬時に教授行為を生み出すことも視野に入れてトレーニングしていくことが望ましいと考えられる。教授行為を実際にとる姿をVTRに収め，それを視聴しながら議論を深めるという方法も推奨したい。

　二つ目は，「授業を組織するための教授行為」に関してである。例えば，「楽

器をならすのをやめて，静かに教師の話を聞かせる時の指示の出し方」「学習活動が次へ移る時の効果的な BGM の挿入法」等，いわば音楽科授業のメインとなる指導を援護し潤滑にするための教授行為に関して講義・演習する必要がある。また，「子どもがやる気を出す教師の表情」「評価する時の視線の送り方，教師の立ち位置」等，体を使った教授行為のあり方を追究していくことも視野に入れたい。

　三つ目は，教授行為のパフォーマンススタイルに関してである。範唱，範奏，伴奏等，実技を伴う音楽科授業では，他教科に比べ教師のパフォーマンス力が強く要求されるといってよいであろう。

　教授行為のパフォーマンススタイルとは，いわば教授行為の風（ふう）であるといえよう。例えば，芸能人には芸風がありそれが確立すると一人前といわれる。教師も同様に，教授行為の独自の風を確立していくことが求められることを学生に理解させる。その時，様々な一流教師の教授行為の風を見せることによって，学生のパフォーマンススタイルを確立しようとする意識を高めたい。

② 音楽科と学級経営に関する内容

　教師と子どもの応答関係・応答環境にも新人教師は着目していた。また，応答関係を築くための学級経営のあり方にも関心を寄せていた。

　このような傾向は，至極当然のことと考えられる。なぜなら，音楽科においては学級経営の力が授業の成否を決定づけるといっても過言ではないからである。このことに関して，合唱指導に限定してはいるが，吉川は次のように述べている。

　　「合唱指導の力は，学級経営の指導力（もちろん授業の指導力も）と切り離せない。[14]」

　この言葉は合唱指導に限定されたことではなく，合奏，創造的音楽学習に至るまで様々な音楽科授業にあてはまると受け止めてよいであろう。

このことを踏まえ，養成機関では「音楽科授業における学級づくりの実践を，取り組んだ教師本人から語ってもらうような機会」を設定することを提案したい。

また，今回の熟練教師のような授業，すなわち音楽でクラスが一体となるような授業を実際に参観し，事後研修として授業中の実際の場面を取り上げながら，音楽科と学級経営の緊密な関連性について，様々な視点から検討するような取り組みも効果的であろう。

このような内容を導入することにより，「音楽科授業を通して学級経営する意義や方法」を学生に獲得させ，音楽科の教科的特質をいかした学級経営のできる教師を増やせるような実践を積んでいくことが望まれる。

③ 音楽の指導方法に関する内容

音楽の指導方法も，新人教師が多く関心を抱いていたものの一つであった。

音楽の指導方法としては，合奏，合唱に関するもの，創作に関するもの，鑑賞に関するもの等，枚挙にいとまがないほどの実践例が紹介されている。これらは授業のネタともいえるものであり様々な文献に紹介されているため，学生にも接する機会が多く入手が容易である。

このような指導方法を，養成機関では学生に追究させていく必要があるといえよう。これもまたロールプレイによって行うことが重要となる。例えば，「鍵盤ハーモニカの運指指導の方法」や「リコーダー授業の導入に使えるゲームの方法」等を，学生が子ども役になって実際に楽しんでみる。あるいは，教師役になって模擬授業をしてみるのである。その後事後研修をし，指導方法の代案や改善点などを提示し，より効果的なメソッドあるいはスタンダードを確立していくのが望ましい。このようなことは多くの養成機関で取り組まれていることと推測できるが，今後さらなる実践が積まれる必要があるといえよう。[15]

（２） 教師としての成長を促す

ここまで，即戦力となるための教育方法を身につけさせることの緊要性を強

調してきた。しかし，そのようなすぐに通用する方法は，積み重ねや検証性に乏しいという弱点を内包していることも同時に強く認識しておかねばならないであろう。養成段階という短期間につめ込んだ教育方法は，たとえそれが教育効果のあがるものであっても，いわば未消化な技や術であり，完全に独自のものにはなり得ていないのである。このような方法論の追究だけではなく，それに関する多元的な視点からの省察力を備えさせることを重要視する必要があろう。すなわち教育方法を身につけさせることだけが目的ではなく，将来的には反省的実践の能力を備えた専門家に成長させるという方向性を見据えて，教員養成教育を考える必要があるのである。

　このことを踏まえると，教員養成教育には，教師としての将来を展望した，成長を促すという視点を導入することが極めて重要であることが再確認できる。

　本調査において，授業像，教師像，クラス像等，目指す像を設定できるような刺激を，多くの新人教師が求めていた。ある新人教師は「私もそんな感動が持てるような音楽授業ができるようになりたいと心から思った」等の思いを記していた。

　この記述からも分かるように，新人教師にとって目指す像は自己の胸中に自然に発生するというよりも，先輩教師の授業等，感動的な実践例を見た時に描かれることも少なくないと考えられる。新人教師の時代に素晴らしい授業を見て，「自分もああなりたい」と目指す像を描いた教師は数知れない，といってもよいであろう。

　このような経験を養成機関でも学生にさせるべきである。素晴らしい先輩の音楽科授業を数多く見る経験を積ませるといった，質の高いインセンティブの設定が必要となろう。ここで重要となるのは，授業の中に感動をつくれるような，憧れを抱けるような先輩や授業に出会わせることである。また，授業だけに限定することなく，例えば，子どもたちが必死に練習して発表する感動あふれる音楽会，コンクール等に出会わせることも重要となろう。このような経験は，学生各自の自主的活動の範疇ではなく，教育実習あるいは他の教職科目等との連携をも視野に入れた，養成機関全体の組織的な取り組みの中に位置づけ

られると効果的であろう。[16]

　目指す像を設定することは，教師として成長するためのスタート地点に立つことに他ならない。長きにわたる教師の成長を考えた時，そのスタート地点に立つことは，教育現場に出てからではなく，養成段階にこそ求められていることを強調しておきたい。かつてなかった程厳しい状況下にある教育現場に出て，そこで初めて成長のスタート地点に立つような，遅きに失する状態は回避すべきであろう。もちろん，学生の描いた目指す像はその後様々変化を見せることであろう。それでも，養成段階なりの目指す像を描かせる機会を与えられるよう，試行錯誤を繰り返すことを提案しておきたい。

　ただしこのような取り組みは，教師教育の連続性の観点からいえば養成段階だけで完結させるのではなく，新人教師（あるいはそれ以降の年代の教師）教育にも充分発展させることができよう（これについては第9章で詳しく述べる）。この教師教育の連続性という観点は極めて重要であり，養成段階から新人期，そして中年期へと引き継がれ，各ライフステージに適したスタンダードを模索していくことが望まれよう。一方で，成長の個人差を考慮した，いわば教師一人ひとりに即した内容や方法を準備することの重要性も併せて認識しておきたい。

　すなわち，標準性と個別性を同時に見据えた柔軟な発想こそが，教師の成長を促すための質の高いプログラムを生み出す源泉となり得るのである。

註

1）　迫田一弘（2006）「新卒が学校でまともに授業できないわけ」『教室ツーウェイ』326, 明治図書, p.25。

2）　A市では，新人期間中（新卒3年間）の教師には学級担任をさせることが通例となっており，どの教師も音楽科授業を担当する可能性があることを原則としている。また，この期間を経て，音楽の得意な者は音楽専科になっていく。したがって，この期間中は全員が学級担任をしているが，将来音楽専科になる者と学級担任になる者が混在している状態と考えることができよう。

3）　佐藤らは，このように分割される一つの内容のことを命題と呼んでいる。以下参照。

佐藤学ほか（1990）「教師の実践的思考様式に関する研究(1)——熟練教師と初任者
　　　教師のモニタリングの比較を中心に」『東京大学教育学部紀要』30, p.181。
4）　本稿における音楽科授業観の定義は以下の通りである。
　　　「音楽科授業における教材観や子ども観，あるいはそれらを含めたトータルな意味
　　　での指導の根幹をなす考え方。」
5）　教師の音楽観や授業観等は，音楽科においては菅が「教師の信念」と呼んでいる。
　　以下参照。
　　　菅裕（2000）「音楽教師の信念に関する研究——福島大学附属小学校における参与
　　　観察とインタビューをとおして」『日本教科教育学会誌』22(4), p.70。
　　　また，佐藤らもこのような教師の考え方を「信念」という言葉で表現している。以
　　　下参照。
　　　佐藤ほか，前掲書，p.196，註3参照。
6）　子どもの様子が記述されてはいるが，内容は教師のこれまでの指導に焦点があたっ
　　ているため，「授業中の子どもの様子」という項目とは区別した。
7）　教師との関係における子どもの様子については，「授業者と子どもの関係」と捉え区
　　別した。
8）　小野は次のように述べている。
　　　「応答関係とは，教師の働きかけによって子どもたちに相互作用的な応答を呼び起
　　　こすことをいう。」以下参照。
　　　小野擴男（2003）「応答関係と応答環境」『教育用語辞典』ミネルヴァ書房，p.42。
9）　小野はまた，次のように述べている。
　　　「子どもの主体的で自由な応答を引き出すには，授業の内外で自他を尊重し合う雰
　　　囲気，学級や学習の場を自分たちのものととらえる居場所づくりなど，相互の関わ
　　　りを高めていく環境（雰囲気）を同時に生み出し育てていかなくてはならない。」
　　　以下参照。
　　　小野，前掲書，p.42，註8参照。
10）　「音楽の指導方法」は，「音楽の指導としての教授行為」と混同されやすいが，本稿
　　では次の様に区別している。
　　　・音楽の指導方法：(例)二部合唱の導入期に子どもの発達段階に応じたパートナ
　　　ーソングを活用すること。
　　　・音楽の指導としての教授行為：(例)パートナーソングを歌う子どもへの評価，
　　　指示，発問，説明，範唱，等。
11）　向山洋一 代表（2006）『教室ツーウェイ』326, 明治図書, pp.24-26。

12) 西園は,「教員養成大学・学部の教科専門の内容は,本来は学校教育の教育実践を視野において扱われるべきであろう」と述べ,教員養成における教科内容の重要性を指摘し,その現状と課題を基に,教育実践から捉えた教科内容学のあり方を提案している。以下参照。

　　西園芳信・増井三夫『教育実践から捉える教員養成のための教科内容学研究』風間書房,p.3。

13) 八木,吉田らは教授行為を工夫し,より教育効果をあげることの重要性を指摘している。以下参照。

　　・八木正一（1995）『音楽科授業づくりの探究』国土社,pp.108-128。

　　・吉田孝（2004）「音楽の授業における発問の機能――『赤とんぼ』の授業を例にして」『音楽教育実践ジャーナル』2(1),日本音楽教育学会,p.96。

　また,篠原は,音楽科教育法のシラバス案に教授行為に関する指導を盛り込んでいる。以下参照。

　　・篠原秀夫（2006）「教員養成シラバス案10」『生成を原理とする21世紀音楽カリキュラム幼稚園から高等学校まで』日本学校音楽教育実践学会,p.239。

14) 吉川廣二（1997）『苦手な教師のための音楽指導のコツ』明治図書,p.107。

15) 長島は,教員養成段階における音楽科授業力評価スタンダードを開発し,授業展開力として,授業実践の場で臨機に発揮される能力群を提示している。以下参照。

　　長島真人（2009）「音楽科教員養成の構想と実践(1)――音楽科授業力評価スタンダードの開発と活用」『鳴門教育大学授業実践研究』8,pp.3-10。

16) 2006年の中央教育審議会の答申では,「(教員養成に対し),大学全体としての組織的な指導体制を整備することが重要である」と述べられている。

第9章
音楽科における熟練教師の力量形成過程

　ここまで第Ⅲ部では，音楽科における新人教師の実態に焦点をあて，養成段階をも含めた若い時期のライフステージに関して，教師教育論を展開してきた。続く本章では，第3章で述べた，もう一つの注目すべきライフステージ「中年期」を取り上げ，その危機を乗り越えてきた優秀な一人の熟練教師に焦点をあてる。

　第Ⅱ部に述べた優秀な熟練教師は，新人教師に比べ様々な高い力量を備えていた。ただしそれは教職につく以前から備わっていた力ではないものも多いと考えられる。なぜなら，長きにわたる教職経験こそが教師の力量形成に大きく関与していることを指摘する先行研究が多数存在しているからである[1]。これらの研究は，教師自身に焦点をあてその教職経験のプロセスを詳細に振り返ることにより，彼らの力量形成に関して有益な情報を提供するといった手法のものが多く，その点に意義を認めることもできる[2]。

　そこで第9章では，長年にわたり小学校で音楽科授業を行ってきた一人の優秀な熟練教師に焦点をあて，教職経験の振り返りを通した個人史を再構成し，力量形成の構造と要因を音楽科の特質を踏まえ考察することを目的としている。

　第1節では，ライフヒストリー法を用いた研究の方法を提示する。第2節では，A教諭の教職経験を再構成する。第3節では，A教諭の教職経験に基づいて，音楽科における教師の力量形成の構造を探究する。第4節では，A教諭の教職経験に基づいて，音楽科における教師の力量形成の要因について論じる。第5節では，A教諭の事例から浮かび上がった学校音楽文化と同僚性に関して，別の事例を提示しながら論究する。

第Ⅲ部　音楽科における教師の力量形成過程に関する事例研究

第1節　調査の概要

(1) 調査方法

　本研究ではライフヒストリー法を用いて，優秀な一人の熟練教師（以降，A教諭と呼ぶ）の音楽科授業に関する個人史を描き出す。この方法は第3章で詳しく述べたが，本章でも再度その概要について触れておく。
　ライフヒストリー法とは，インフォーマントとなる個人にこれまで歩んできた人生をインタビューし，その語りを中心として関連する資料なども詳解することによって，個人の経験を再構成するとともに，その個人をとりまく組織や地域，社会構造をも捉えようとする質的調査法である[3]。この手法は近年，人文・社会科学分野で注目を浴びており[4]，個別的な事例を一つひとつ明らかにする点に意義も認められている[5]。
　インタビュー調査は，「回想法面接」[6]を用い，A教諭の勤務する学校内で行われた。聞き取りの範囲は，A教諭が新人として採用された時点からインタビュー時に至るまでとした。また，教師としての力量形成に関わるトピックスを自由に語ってもらうことを基本としたが，それだけに頼ることは，語りの内容が偏ったものになる，調査の趣旨から大きく逸脱する，といった可能性も予想される。したがって，聞き取る項目を大枠で設定し，語られた内容に対して随時さらに詳しい説明や語り手自身の解釈・意味付与を求め，語りを促していくという方法をとった[7]。
　個人史の再構成は，語り手と聞き手の共同作業的見地から進められた。すなわち，語り手自身の解釈によって自己の人生が語られるライフストーリーを基盤に，そこに聞き手なりの解釈・意味付与をしライフヒストリーに仕上げていくといった手法である[8]。また，この研究法の特質上，インタビュー内容を重視したが，データとしての信頼性をさらに高めるため，入手できる限りの関連資料の検討も行った[9]。

第9章　音楽科における熟練教師の力量形成過程

（2）　調査の対象者

インフォーマントの選定に関して，次の三つの条件を設定した。

① 優秀な教師の力量形成過程から示唆を得るため，勤務地域等で指導的立場にある熟練教師で，かつ新人1年目以降毎年音楽科授業を行っている者を選定する。

② 教職生活が大きく変化する「中年期の危機」の検討も視野に入れ，その時期を経ているであろう教職経験20年以上の教師を選定した[10]。ただし，教職経験に対する忘却を避けるため退職者ではなく現役の教師とした。

③ インタビューはプライベートな内容に触れる可能性もあるため，調査以前に筆者とある程度交流がありラポールの成立している者を選ぶこととした。ただし，過度のラポールは反対に調査の阻害要因として働くこともあるため，親密過ぎる者は避けることとした。

A教諭のプロフィールは，以下の通りである。

① 性別：女性

② 年齢：45歳

③ 出身大学：国立大学教育学部4年制

④ 教職経験年数：22年5ヶ月

⑤ 勤務状況：教職全ての年度で，小学校勤務，正規教員，臨時任用及び転職経験なし

⑥ 授業担当：教職全ての年度で，音楽科授業を行っている，担任，専科両方経験あり

⑦ 指導力：新人研修の講師，他校での合唱指導，県レベルの音楽研究会の公開演奏指揮等，地域でもその優秀さと実績，指導力を認められている

⑧ 調査前の筆者との関係：筆者はA教諭の授業を2回見たことがあり，感想やアドバイスを述べているが，同僚になったことはない[11]。

（3） 調査内容

データの収集に関しては次の手順で行った。

① 初年度からの履歴として，年度ごとの担当（担任・専科・その他），音楽科授業を行った学年，特記事項（産休，育休，結婚等）について，記述による順序性のある回想を求めた。

② 上記①の記述を基にして，教職経験がどのようなものであったか，その概要の発話を求めた。

③ 上記①で記述された履歴に，職業的な転機[12]となった時期を書き込むことを求めた。

④ 上記②の概要をさらに質の高いライフストーリーへと昇華させるため，上記③に示した転機に着目してその前後の経験を含め詳細な発話を求めた。

（4） 分析・考察の方法

インフォーマントの発話に関しては録音し，全て文字に起こした。次に，教職経験を年度ごとに追った履歴（年度ごとの担当，音楽科授業を行った学年，転機，特記事項）をまとめ一覧表にし，関連のある発話を年度ごとに配列した。このように仕上げられた一覧表の中で，転機から転機までを分類上の単位となる時期（ライフステージ[13]）として整理した。

以上を素材として，転機の詳細を描き出し各ライフステージにおける特徴を分析し考察を進めた。

また，ライフヒストリーの提示において，インフォーマントの発話を掲載する際，引用の末尾に（A教諭）と記した（断続的な発話も含む）。意味の分かりにくい部分には，前後の文脈から考えて〔　〕をつけ筆者が補足した。また，ライフストーリーを解釈しまとめ直した要約を掲載する場合は，引用の末尾に（A教諭，筆者要約）と示すこととした。

第9章　音楽科における熟練教師の力量形成過程

第2節　A教諭のライフヒストリー

　この節では，各ライフステージと転機の詳細を中心にA教諭の個人史を再構成する。転機によって区切られた時期を，A教諭のライフステージとして整理し，その時期の特徴を手がかりにタイトルをつけた。A教諭のライフヒストリーを読み解く指針として表9-1を提示する。

（1）　ライフステージ1：結婚して育休・産休を繰り返し授業の空回りを経験した若い時期（教職1年目～8年目）

　A教諭は大学卒業後すぐに，B県の郡部にあるC町立D小学校へ正規採用の新人教師として赴く。1年目に故鎌田典三郎の優れた指導法に触れ，西六郷少年少女合唱団の歌を聴き，感動のあまり涙が止まらなかったという。また，地域の優れた指導者E教諭の歌唱指導を通して，子どもの歌声を飛躍的に伸ばす技術の奥深さに感銘を受けた。2年目には，尊敬するF教諭の授業を見て子どもがひたむきに歌う姿に衝撃を覚えるなど，合唱教育の素晴らしさを他者の実践から学び取り，それを目標に自分のやりたい方向性をつかみ始めてもいる。
　しかしながら，この新人3年間は，「苦しいばっかりの3年間で，何をやっとんかなというぐらいの，情けない，情けない，情けないなと思うばっかりの日々でしたね。音楽の授業どうしようかなとか，そんなことじゃなくて，毎日やめようかなと思うぐらい」（A教諭）という時期でもあった。1年目にD小学校の同僚と結婚したため，当該教育委員会の原則（新人は3年間同じ学校に勤務するといったもの）の例外として，2年目にはG小学校への転勤を余儀なくされる。
　この頃，まだ小学生の特性を理解できず，授業中に頭声的発声のできない子どもたちを叱りつけると，その子たちは音楽が大嫌いになったという。その時の子どもの顔は今でも覚えており，自らの力量のなさで彼らの音楽的成長を阻害したと自戒の念を込めて回想する。先輩たちの優れた合唱教育の追試をいく

第Ⅲ部　音楽科における教師の力量形成過程に関する事例研究

表9-1　A教諭の教職経験の概要

年度	教職歴	勤務先	担当	音楽の指導	転機,及び特記事項（産休,育休,結婚等）
1988	1年目	D小学校	2年生担任	2年生	同僚との結婚のため来年度の転勤が決定する。
1989	2年目	G小学校	3年生担任	3年生	1度目の転勤
1990	3年目	G小学校	3年生担任	3年生	
1991	4年目	G小学校	5年生担任	5年生	この年度の5～7月は産休。8月～翌年7月まで育休。
1992	5年目	G小学校	専科	5,6年生	8月から復帰。＊この年度は8ヶ月の勤務
1993	6年目	G小学校	5年生担任	5,6年生	この年度の10～12月は産休。1月～翌年度12月まで育休。
1994	7年目	G小学校	専科	5,6年生	1月から復帰。＊この年度は3ヶ月のみ勤務
1995	8年目	G小学校	1年生担任	1年生	
1996	9年目	G小学校	5年生担任	5,6年生	転機①「地域の連合音楽会に初めて参加し他校の演奏を聴く」
1997	10年目	H小学校	5年生担任	5年生	2度目の転勤
1998	11年目	H小学校	4年生担任	4年生	
1999	12年目	H小学校	専科	5,6年生	転機②「荒れた6年生との音楽科授業にいきづまった時,先輩教師から支援を受ける」
2000	13年目	H小学校	5年生担任	5,6年生	
2001	14年目	H小学校	1年生担任	1年生	
2002	15年目	H小学校	1年生担任	1年生	
2003	16年目	H小学校	総合学習推進	6年生	
2004	17年目	J小学校	3年生担任	3,6年生	3度目の転勤
2005	18年目	J小学校	5年生担任	5,6年生	転機③「人生に影響を与えるF教諭と同僚になる」
2006	19年目	J小学校	専科	3～6年生	K教諭のもとへ教師修行にいく
2007	20年目	J小学校	専科	3～6年生	
2008	21年目	J小学校	6年生担任	4～6年生	
2009	22年目	J小学校	5年生担任	5,6年生	転機④「B県小学校音楽研究大会の公開演奏をし大きな感動を覚える」
2010	23年目	D小学校	専科	3～6年生	4度目の転勤

らがむしゃらに行ってみても，それが自分の満足できる実践に結実しないというジレンマに陥り，教師に向いていないのではと悩む新人期であった。

4年目から7年目にかけては，産休，育休を繰り返し教育実践が単発に終わるといった，いわゆる授業が積み上がらない状態にあった。何をやっていたのか，思い出せないくらい地に足のつかない教育活動を繰り返す時期であった。このことに拍車をかけるような学校文化も存在した。A教諭はいう。

> 「授業については，G小学校では本当にあまり考えたことがありません。授業なんかどうでもいいみたいな〔学校の雰囲気がある〕。でも，それは大事なことだったんですけど……。座学ばっかりが大事，教室の中だけが大事やということでなくて『もっと〔子どもと〕一緒に遊べ』とか『〔子どもと〕外へ出ていけ』とか……。」（A教諭，筆者要約）

このような学校文化の中，A教諭は音楽科授業の力量を高める機会にも恵まれず，その実践が空回りすることもあったという。

(2) 転機①：地域の連合音楽会に初めて参加し他校の演奏を聴く
　　　（教職9年目）

教職9年目でA教諭は初めて地域の小学校連合音楽会に参加した。この音楽会は，地域25校の6年生が一堂に会し，演奏を発表し合うというものである。この時の経験をA教諭は次のように述べている。

> 「一応がむしゃらには頑張ったんですが，自分の実力のなさにほとほと嫌気がさしました。校内音楽会だったら，自分と皆さんとの差〔他校の教師との差〕っていうのに気づく機会もないんですけど……。でも自分のできなさぐあいに気づくことができました。」（A教諭，筆者要約）

自分の力量のなさに愕然としながらも，様々な他校の演奏に触れA教諭は次

第Ⅲ部　音楽科における教師の力量形成過程に関する事例研究

のことに気づいたという。

> 「子どもにとって『何がいい音楽なんかなぁ』って思うようになったと思います。ただ歌えるだけじゃなくて……。何も答えは分かんないけど，ただ歌ってるだけでは……と。〔子どもたちの〕声は，ちょっときれいな声が出るようにはなったけど，そんなんじゃないような気がして，帰ってきました。」（A教諭）

　この気づきは漠然としてはいるが，自己の音楽科授業に対する深い省察であり，確実に一つの転機を形成したという。

（3）　ライフステージ２：転勤によって転機①で得た気づきが効力を失った時期（教職10年目～11年目）
　教職10年目でA教諭はH小学校へ教職２度目の転勤をする。この転勤によって，転機①における自己の授業への省察もかき消され，効力を失ってしまうのである。A教諭の言葉を引く。

> 「〔音楽科授業の取り組みは〕全然変わりません。変わらないんです。この〔H小学校での〕１年目も失敗しました。また〔子どもの成長を〕つぶしました。ある程度きれいな声では歌うようにはなるんです。何となくやけど。でも，さっきいったような，喜んで歌うとか，そんなことは全くないし，適当に単に歌ってるという感じ……。」（A教諭，筆者要約）

　転機①において，音楽科で大切なことに目覚め始めた矢先ではあったが，ここでもA教諭の授業は大きな変化を見せることはない。それどころか，「私，本当に授業下手くそっていうか，授業について工夫をするとかいうこと全然してなくて。ただこうガンガン〔子どもの状況を把握しない一方通行の指導〕やっちゃっていますみたいな……」（A教諭）といった授業を繰り返したという。

「身近に音楽を教えてくれる人も全くなかったし,音楽会の前だけちょっとかじってやって〔つめて練習して〕,『ことしも失敗したわ,ええわ,また来年』いうぐらいの」(A教諭)安易な音楽科授業に終始したこともあるという。ただしそんな授業を繰り返していても,「それでも目標はF先生みたいになりたいみたいな,無謀な,すごい無謀な」(A教諭)理想だけは失うことのない時機でもあった。

(4) 転機②:荒れた6年生との音楽科授業にいきづまった時,先輩教師から支援を受ける(教職12年目〜13年目)

教職12年目に受け持った6年生はいわゆる荒れたクラスであった。A教諭はいう。

「『なんで歌わんなんねん〔なぜ歌わなければならないんだよ〕』みたいな子たちと出会うんです。すごいクラスで……。学校の中にそういう音楽文化みたいなのがないところでずっときてるので。春の段階からすごい重荷で……。」(A教諭,筆者要約)

このクラスの子どもたちは,歌声など出さないので合唱ではなく合奏を中心に指導しようと考えた。しかしその指導もうまくいかず悩んでいたところ,先輩の同僚I教諭が音楽が専門ではないにもかかわらず,様々なアドバイスを与えてくれたという。初めて同僚から親身になった指導を受け,悩みぬきながらも何とかこの1年間を乗り切った。

ただし,この荒れた6年生の音楽科授業を1年間何とか続けきったことが直接の自信となって,A教諭に変化が起こったのではない。このクラスでは最後まで楽しい音楽などできず,「困ったまま卒業させちゃった」(A教諭)のである。しかしながら,この辛い経験が間接的な転機として作用することになる。A教諭はいう。

第Ⅲ部　音楽科における教師の力量形成過程に関する事例研究

> 「その荒れた6年生と一緒に持った〔担当していた〕5年生が6年生になった時は，〔授業態度がよいので〕同じ6年生かと本当に思いました。スタートライン〔4月の状態〕が全然違うから。」（A教諭）

　つまり，この二つの6年生クラスの差異は，自らの指導の積み上げの有無によって生じていることを確認し，A教諭は大きな自信を得たのである。さらに校長をはじめ同僚も，「音楽の先生〔A教諭〕も頑張ってくれてるから，おまえらも頑張れとか，一緒になって子どもたちを励ましてくれて応援してくれた」（A教諭，筆者要約）という。この頃からA教諭は音楽科授業づくりについて真剣に考えるようになった。
　このような経験から，今まで漠然としていた音楽科授業に対する考え方も少しずつ次のように変化を見せる。

> 「〔授業を〕積み上げることって，すごいと思いました。だから，歌でもリコーダーでも，1回目で〔初めての挑戦で〕別に上手にならなくてもいいわって思うようになりました。これ〔自分の授業〕に参加したら〔いずれ〕うまくなるなっていうのは分かるので。」「短期の〔1年間だけ担当する〕時は，うまくいかなかったらうまくいくまで，その時にやりたくなる。やらせてやらせて，嫌にならせる。これがだめ。」「一番大事なんは，子どもの心やから，と思うようになりましたね。今ここで，もっとさせることがええのか。これでいいよっていって〔うまくなくても〕ここでおいといて，この子がこのまま将来音楽が好きやと思い続ける方がいいのか。その子にもよるけど，いろいろ考えるようになりました。」（A教諭，筆者要約）

　この考え方は，後のA教諭の音楽科授業観[14]ともいうべき，指導の根幹をなす考え方となっていく。またこの転機②は，人生に大きな影響を与えるF教諭の指導が入っていないということ，つまりA教諭自身で考えた末の努力が結実したという点において，意義深いものであったと回想している。

(5) ライフステージ3：校内の雰囲気や転勤による苦労の中でも実践に手応えを覚える経験をした時期（教職14～17年目）

　この時期は，生活科の研究に学校をあげて取り組んだり，教育委員会指定の国語科の研究会が同校で開催されたりと，音楽科にまで手がまわらない雰囲気が校内に漂っていた。そのような中，A教諭は教職17年目にJ小学校へ教職3度目の転勤をする。この時の状況をA教諭は次のように述べている。

　　「学校かわって，ここでも6年生の先生が音楽嫌やというから，私の体育と〔6年生の教諭の〕音楽と交換してきたんですけど。この年もいきなり音楽文化のないところにいって，いきなり6年生なので，『歌ってくださいますか』という状態のところで大変苦労をしました。」（A教諭）

　このような環境の中，転機②でつかんだ音楽科授業に対する考え方や指導法を存分に開花させきることは，このライフステージでもできなかった。しかしながら，16年目に指導した6年生が卒業する時，子どもや保護者から，「音楽の先生も頑張ってくれたことがうれしかった」と告げられ感動を覚えるなど，自己の実践に年々手応えを感じるようになった時期でもあった。

(6) 転機③：人生に影響を与えるF教諭と同僚になる（教職18年目）

　前述の通りF教諭は，A教諭が新人2年目の時に授業を見て感動し，それ以来尊敬の念を抱き続けてきたというほどの，地域でも指導的立場にある人物である。

　A教諭は，F教諭のJ小学校への赴任早々から（この時点でF教諭は校長になっているため，以降，F校長と表記する），自分の授業を何度も見に来てアドバイスを与えてほしいと頼んだ。果たしてそれは実現し，常に校長室で反省会が行われた。F校長のアドバイスをヒントに次の授業をつくり，それに対する指摘をさらにそのまた次の授業にいかすといったことが繰り返された。つまり音楽科授業づくりのPDCAサイクルが，F校長のアドバイスを基盤として

起動し始めたのである。このことがA教諭の大きな転機となった。
　この頃のA教諭は，音楽科授業に対して次のように考えるようになっている。

　「もっとこう深い表現というようなことがあるんや，というようなことに気づいたりしました。好きで歌いたいとか，もっと上手になりたいとか，もっと二部〔合唱〕やなくて三部〔合唱〕になりたいとかいうふうに，子どもたちがいってくれるように……。『次の音楽いつ？』っていうてくれるような授業を毎回展開したいと……。それと歌が好きな学校にしたいと，いつも思ってました。」（A教諭，筆者要約）

　このようにA教諭は，子どもの意欲の向上に併せて質の高い表現技能も求め，学校音楽文化をも高めようとする考え方を深めていくのである。

（7）　ライフステージ4：質の高い音楽科授業と学校の音楽文化の創造を求めた時期（教職19年目〜21年目）

　転機③以降，子どもたちも授業を楽しみにするようになり，A教諭は力量を高めていった。さらに19年目には，F校長と旧知の仲であるK教諭（B県内の他校に勤務）のもとへ，教師修行にいくこととなる。K教諭は合唱指導では全国的な評価を得た熟練の指導者である。このK教諭の授業を2日間参観し，そこで得てきた指導法を徹底的に検討した。それは，例えば音高や歌詞に関すること等，今までA教諭が看過してきたような音楽的要素も多く含まれていた。また，K教諭がA教諭の授業を実際に見に来て，アドバイスを授けたこともあった。
　このような実践を続けるうち，A教諭の学校において全校的に子どもたちは歌が好きになり，低学年児童は5・6年生の歌声を目標とし音楽好きの子が多く育ったという。A教諭はいう。

　「J小学校は，音楽が今大好きな学校になっていると思います。小さい学

年の子が,『6年生の子みたいに,声が僕らまだなってへんから,僕らはまだ下手やと思う』っていうんですよ。学校として音楽が,小さい子が大きい子を〔低学年の子が高学年の子を〕尊敬するような機能を果たしてるというか,正常な形に動いてるというか,高学年の子に憧れるっていうと,絶対よい学校になると思うんですけど。だから音楽はいいなと。」(A教諭,筆者要約)

このような学校文化を育てるまでに至ったこのライフステージ4は,A教諭が着実に力量を形成していく時期であった。

(8) 転機④：B県小学校音楽研究大会の公開演奏をし大きな感動を覚える（教職22年目）

教職22年目に取り組んだB県の研究大会における合唱は,500名程の聴衆(ほとんどが教諭)を魅了する感動的なものであった。筆者もその場で歌声を聴いていたが,感動で目頭が熱くなるのを禁じ得なかった。この時出演したのは,A教諭が3～4年間にわたって指導してきた5・6年生児童であった。ここでもA教諭は,授業の積み上げの底力を痛感したという。

この演奏会のことは学校や地域の話題となり,A教諭は感動と共に大きな自信を得たのである。A教諭はいう。

「〔公開演奏した子どもたちは〕目標になります,自分の目標。この子たちは,私にとってはですね,今までの中では一番よく頑張れた子たちだと思うので,これからの子たちも,あの子らぐらい音楽が好きで歌える子になってもらいたいな,と。でも,後ろに目標があるというのはしゃくやから,それを今後は越えられたらいいなっていうことです。」(A教諭)

このように転機④は,その後の教職生活に大きな影響を与えることとなったのである。

（9）　ライフステージ５：基礎基本に立ち返り，新たな目標をかかげて再出発の実践に取り組む時期（教職23年目〜）

　教職23年目にA教諭は新人１年目に赴任したD小学校へ４度目の転勤をする。学校に音楽文化がないというこれまでの転勤と同様の１年目を経験するが，今回はそれを苦労と捉えず，また最初から少しずつ積んでいくのだという態度で勤務しているという。

　その理由として，前述の公開演奏で得た自信をあげる。このD小学校でも基礎基本に立ち返って少しずつ授業を積み上げれば，公開演奏をした子どもの状態にいつかは必ず追いつけるのだということを確信しているようでもある。

第３節　音楽科における教師の力量形成の構造

（１）　音楽科授業観の再構成とその萌芽の形成

　音楽科における教師の力量形成の構造を探るため，A教諭の教職経験における４回の転機に着目したい。そこに見られる傾向は，転機が訪れる度に自らの音楽科授業観が再構成されていることである。A教諭の音楽科授業観の変遷を概観すれば次のようになる。

　転機①の段階では「何がいい音楽なのか」という省察を伴いつつ，漠然とはしているが「きれいな声でただ歌っているだけではないような……」といった音楽科授業観の再構成に意識が傾注されている。それが転機②では，「子どもの『音楽が好き』という心を第一にして，待つ指導をすること」となり，転機③では，「技能や感性の高まりに伴う実のある楽しさと学校音楽文化の追究」へと変化する。そして最後の転機④では，「この年度の子どもたちのような子ども（学校文化）を育てること」となっていく。A教諭の音楽科授業観は転機ごとに再構成され，その内容も深化していくのである。

　このことは，山﨑のいう「転機によって新しい力量を獲得したという或る種のプラスの発達感をともなって振り返ることのできる『獲得』型もあ」る[15]という論理に符合しており，A教諭が少しずつ力量形成を果たしたことを物語って

第9章　音楽科における熟練教師の力量形成過程

いるといえよう。

　ただし，音楽科授業観の再構成が生起するには，当然ながらその基盤となる概念（最初に生まれる音楽科授業観）の存在が前提となろう。このような概念は，音楽科授業観の萌芽と呼ぶことも可能であろう。本事例の場合，その形成時期を厳密に特定できるわけではないが，新人期の鎌田や，E教諭，F教諭（この時点では教諭）に関する発話から，A教諭は1年目以降の数年間に出会った教師や授業に影響を受け，自己の理想とする初期の授業像を描いたものと考えられる。

　このように，音楽科における教師の力量形成の構造は，①「音楽科授業観の萌芽の形成」→②「音楽科授業観の再構成」という順序性を伴った過程として説明することが可能となるであろう。

（2）　音楽科授業観の再構成の本質と授業への反映

　本事例は，音楽科授業観には少なくとも二つの側面が存在することを示唆している。一つは音楽の技能的側面と，もう一つは音楽に対する興味・関心の側面である。

　音楽的技能の伸長ばかりを重んじ，厳しいだけで少しも楽しくない授業を繰り返せば，子どもは音楽が嫌いになるであろう。反対に，ただ楽しいだけの音楽ショーのような授業を繰り返せば，子どもの音楽的技能や感性は伸長しないであろう。このような命題の間で葛藤したという経験は，第7章でも一人の新人教師が述べているところである。ある側面だけを極端に優先させるといったアンバランスな授業観は，音楽科授業の阻害要因として働くこともあると解することができよう。

　A教諭も教職の初期段階では，技能的側面のみを優先し子どもをつぶすといったような状況に陥ることがあった。しかしながら次第にそこから脱却し，転機の度に技能と興味・関心の両側面をバランスよく保ちつつ，そこにさらなる教育的価値を加えて新たな音楽科授業観を再構成していったのである。このことから音楽科授業観の再構成の本質とは，例えば，音楽の技能的側面及び音楽

175

に対する興味・関心の側面のどちらを優先させるのか，あるいは調和させるのか，併せてそこに他の観点を加えるのか否か，というような「複合的なテーマの組み替え作業である」といった解釈も可能となろう。

　また，このような音楽科授業観の再構成は，授業の変化となって表れることが本事例から読み取れる。とりわけ転機③以降にそれは顕著である。A教諭は，転機③で獲得した音楽科授業観を概念レベルにとどめることなく，授業という形で顕在化させようと努力しているのである。このことに関して菅は，「音楽科授業における教師の授業観がその指導行為に表出する」という内容の先行研究をまとめている。[16]

　他方で本事例は，音楽科授業観の再構成がすぐに授業の好転にはつながらない場合があることも示唆している。A教諭の音楽科授業観は，転機①で再構成しているにもかかわらず，続くライフステージ2における授業は大きな変化を見せてはいない。この理由として，A教諭の2度目の転勤による環境の変化をあげることができた。すなわち，音楽科授業観の再構成が授業に反映するか否かは，自身の力が及ばないような様々な条件（例えば転勤等）が深く関与していることも理解しておく必要があると考えられよう。

第4節　音楽科における教師の力量形成の要因

（1）　新人期における衝撃的な授業との出会い

　A教諭が長い年月をかけ優秀な熟練教師に成長した理由の一つは，初年度，2年目といった新人期に先輩教師による衝撃を受けるほどの授業と出会い，理想像を設定していることが考えられる。このような新人期の経験は，年月を経ても鮮明に残像が現れ生涯の目標となり得よう。

　A教諭は，10年目頃も音楽科授業がうまく運ばない停滞の時期を過ごすが，それでも新人期に見たF教諭（この時点では教諭）の授業が忘れられず，彼女のようになりたいという目標だけは見失っていない。このような，どんな状況下でも壊れることのない，いわばその教師の心の支柱となるような授業に触れ

ることは，とりわけ新人期に求められる有意義な経験といえよう。

　このことは，第8章において新人教師が熟練教師の音楽科授業に刺激を受け，自分の力量を高めたいと願うようになった事例とも合致している。また第7章にも述べた通り，音楽科は国語科や算数科とは異なり，教育実習等でも参観する頻度の少ない教科である。このような傾向から考えても，新人期に先輩の音楽科授業を参観することの重要性を改めて認識できるのである。

(2) 中年期の危機の克服

　A教諭の遭遇した最大の危機は，中年期にあたる12年目の荒れたクラスでの音楽科授業であった。「子どもの顔も見たくない」（A教諭）こともあったほど，この年の授業はうまく運ばなかったという。しかしながら，このクラスの授業を乗り切ったことを間接的な契機として，A教諭は次の年に大きな自信を得て転機を迎えるのである。

　関連した先行研究として，音楽科教師である斎藤が，15年目に中年期の危機を経験している事例があげられる[17]。荒れた学校での音楽科授業に，自己を見失うほどの経験をしていることもA教諭の例と酷似している。斎藤は生徒に「先生，だいたいこんなこと（リコーダーの練習）やったって意味ないじゃん」とつめ寄られ，自信を喪失し無力感に襲われたという。しかしながら，斎藤もこの経験が契機となり自らの授業を問い直すことで成長を遂げている。

　A教諭や斎藤の経験から見ると，音楽科における中年期の危機とは，芸術の本質あるいは活動の意義や必然性の問い直し，つまり前述した音楽科授業観の再構成を迫るものであることが理解できる。またこのような経験は，簡単に克服できない極めて危機的な状況に教師を追い込むが，同時にそれは次のキャリアステージの扉を開ける成長の契機ともなる可能性を秘めていることが考えられるのである。この点を意識するか否かは，教師の力量形成過程に大きな影響を与えることになるといえよう。

（3） 授業の積み上げによる自信及び判断力の形成

　A教諭が新人期に思うような授業ができなかった理由の一つに，教職を続ける自信のなさがあげられる。この心理状態は，A教諭が産休・育休を繰り返し，授業の積み上げによる自己の成長を実感できなかったことに起因していることが，本事例から読み取れる。その状態からA教諭が脱却できたのは，教職13年目の6年生を指導した時であった。この時A教諭は，自己の授業の積み上げによる教育的効果を実感し自信を得ている。この自信がA教諭を大きく成長させたといっても過言ではないであろう。

　13年目のA教諭は同時に，余裕のある指導ができるようにもなっている。この余裕のある指導は，「今はできなくても〇〇頃にはできるようになるだろう」というような見通しを持った判断力の形成を意味していると考えられる。このような判断力がA教諭に備わることで，その後の授業は少しずつ変化を見せ，自己の音楽科授業に対する手応えを感じ始めるようになったのである。

　このように，授業の積み上げによる自信や判断力の形成は，教師の力量形成を大きく促進するものであると考えられる。とりわけ音楽科は時数が少ないため，授業から授業への間隔が長くなり，実践の積み上げによる教育効果が現れるまでに時間のかかる教科である。このことを考慮して，単年だけの担当ではなく，複数年同じ子どもたちを指導していくことも視野に入れ，教師の力量形成を図っていく必要があろう。

（4） 学校音楽文化の創造と良質の同僚性

　A教諭が転勤の度に苦労したのは，音楽が学校文化に位置づいていないことであった。第7章において，一人の新人教師は次のように述べている。

> 「音楽科は，国語科，算数科に比べ教育内容，指導方法が校内の全教師に意識されていないような気がする。できなくてもいいような雰囲気もある。」

第⑨章　音楽科における熟練教師の力量形成過程

　多くの教師がこの新人教師と同様の雰囲気を感じ，音楽科が自分から遠ざかる印象を抱いた可能性も否定はできないであろう。それでもA教諭は教職18年目以降，そのような雰囲気に自己を埋没させることなく，学校音楽文化の創造に向け精力的な取り組みを進め熟練の域に達するのである。このことから，学校全体を視野に入れ音楽文化をつくり出そうとする営みは，自己の授業にも好影響を及ぼす力量形成の重要なプロセスであることが理解できるのである。
　このような営みには，志を同じくする同志ともいうべき同僚の存在を確認することができる。本事例でいえば，12～13年目のI教諭，18年目以降のF校長らである。とりわけF校長は，長年にわたり強い影響を与える指導を行ったという点でメンターと呼ぶことができよう。このような存在の他に，メンターほどの指導性はないが，協力したり励ましたりしてくれる同僚の存在も大きいと考えられる。本事例13年目の同僚はまさにそのような存在であった。
　このことに関連して権藤が，「教師集団が協働して子どもの学びを組織，実現する学校において，音楽を介してともに成長する教師力のすばらしさを実感すると同時に，音楽的な技能だけでない音楽科の教師力のあり方について考えさせられた[18]」と述べるように，良質の同僚性は音楽科における教師の力量形成を促進する一つの要因と捉えることができるのである。

第5節　力量形成に関与する学校音楽文化と同僚性

　前節の第4項を見ると，音楽が学校文化として位置づくこと，音楽科に理解のある同僚性が存在することの2点は，教師の力量形成に対し極めて重要な意味を持つことが分かる。音楽科における一人の教師の力量形成には，まわりの教師の意識や行動が大きく関与しているとの解釈が成立するのである。このことは，第7章でも浮かび上がってきたことであり，看過できない本研究の重要なポイントといえよう。
　そこで本節では，学校音楽文化や同僚性に焦点をあてた検討をさらに敷衍し複合的な探究を試みるため，第4節までとは別のL小学校の事例を紹介し論を

展開する。音楽科・国語科を核とした表現教育を学校文化として位置づかせるに至るまで，L小学校の校長を中心とした熟練教師はどのようにして若い教師らをメンタリングし，学校全体としての力量形成を促進していったのか，その実態に迫る。

(1)　事例の概要

　L小学校は，M市（都市部）における学校設置条例の一部改正に伴い，平成17年に二つの小学校が合併し新設された。創設5年目（調査当時）の新しい学校である。平成21年5月現在の児童数は664名，クラス数は23である。

　「豊かな心を持ち，自分を持つ子（個）・育てる子（個）」を教育目標として，表現教育に重点をおいた取り組みを展開している。表現教育の中心となるのは，音楽科における合唱，合奏，オペレッタと国語科の学習である。このような学習の成果を，開校以来毎年1回大規模な授業研究会を自主的に催し，広く教育界に公開してきている。その研究会を核として，教師の自主的な研修にも力を注いでいる。

　このような取り組みの結果，児童は落ち着いて学校生活を送り，基礎学力も向上してきたという。さらに，同校の教師，とりわけ若い教師は，確実に力量を形成し成長しているという。また研究会は，年を追うごとに参加者が増え，他校の教師に大きな影響を与えてもいるのである。

　このような成果を生み出した要因を探るため，創設と同時に精力的に研修活動を推進してきたN校長と，創設3年目に赴任し音楽科を中心として実践を重ねてきたO教諭にインタビューする。

(2)　調査の手続き

　L小学校の学校概要・研究紀要・指導案等の資料[19]により，学校の特色の概要を踏まえた上でインタビュー調査を行った。インタビューの視点は，①学校概要，②対象となる教育活動の内容，③実現に至った経緯，④組織的対応，⑤リーダーシップ，⑥制度的サポート，⑦教職員の参画，⑧活動の成果と外部効果，

⑨課題と今後の見通し，の9点を基本に，対象事例の特性を加味して適宜調整した。

事例の記述にあたって，特色づくりの過程を学校内外の動きを視野に入れながら検討できるよう，①活動の展開，②学校組織の動き，③外部資源と制度的基盤の活用，の三つの視点に留意し，時系列に従って図式化した上で，これに従って組織の変化やリーダーシップの働きを記述していくこととした。

なお，図に使われる記号等は以下の通りである。

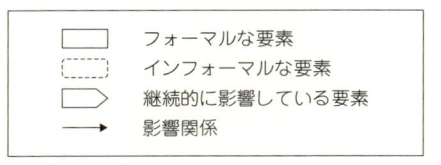

```
┌──┐   フォーマルな要素
┆　　┆   インフォーマルな要素
▷     継続的に影響している要素
──→  影響関係
```

また，インフォーマントの発話に関する表記は，本章第1節第4項に提示した通りの手続きによって行った。

（3）　学校音楽文化が定着するプロセス

L小学校に音楽文化が定着するまでのプロセスを，図9-1として提示する。

① 音楽科教育が定着する契機

L小学校における表現教育の取り組みの契機となったこととして，まず第1に二つの小学校の「合併」があげられる。N校長は次のように述べている。

「合併という一つのきっかけの中で，一つ形ができていった，そのように考えています。合併が大きかったですね。」（N校長）

次に，表現教育という分野が学校の特色づくりの基盤として選ばれた理由を，N校長の言葉から引く。

「やっぱり国語や算数の中に表れる点数も大事です。でも，それよりも言

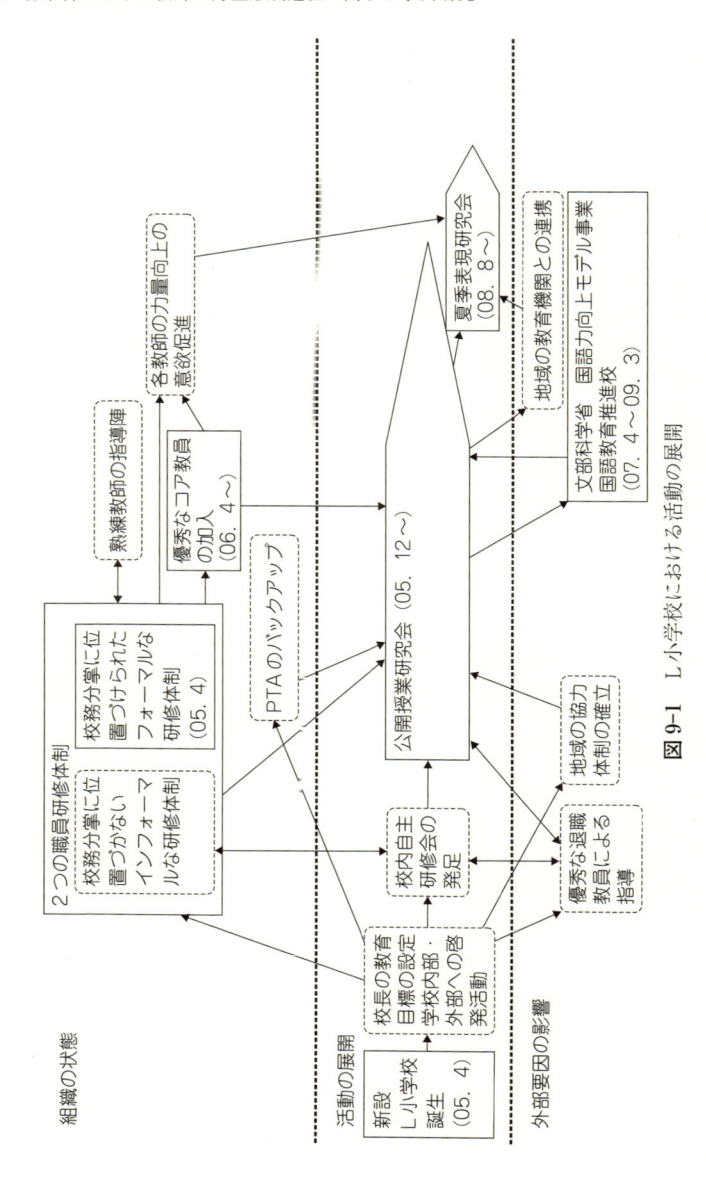

第Ⅲ部　音楽科における教師の力量形成過程に関する事例研究

図 9-1　L小学校における活動の展開

組織の状態

活動の展開

外部要因の影響

- 新設L小学校誕生 (05.4)
- 校長の教育目標の設定・学校内部・外部への啓発活動
- 2つの職員研修体制
  - 校務分掌に位置づかないインフォーマルな研修体制
  - 校務分掌に位置づけられたフォーマルな研修体制 (05.4)
- 熟練教師の指導陣
- 優秀なコア教員の加入 (06.4〜)
- 各教師の力量向上の意欲促進
- PTAのバックアップ
- 公開授業研究会 (05.12〜)
- 校内自主研修会の発足
- 優秀な退職教員による指導
- 地域の協力体制の確立
- 夏季表現研究会 (08.8〜)
- 地域の教育機関との連携
- 文部科学省 国語力向上モデル事業 (07.4〜09.3)
- 国語教育推進校

182

語活動，芸術活動を通して人間のパーソナリティの陶冶をすることも絶対要るので……。それがなかったら，社会へ出て生きていけないので……。」
（N校長，筆者要約）

　この言葉から，表現教育が選ばれたのはN校長の教育理念に起因していることが理解できる。このような教育理念が，同校の教育の根幹をなすコンセプトにまで昇華した理由は，N校長が強烈なリーダーシップをとり，同校の他の教師にそれを語り続けたからである。このことに関して，O教諭は次のように述べている。

　「こういうことを通して子どもを育てるんだという，常にそこに帰結してお話をされてるんですね。一番学ぶべきところを持ってる校長先生が，リーダーシップをとっている学校だな，というふうに思ったわけなんです。」
（O教諭）

　O教諭の言葉からも，同校の特色づくりの契機として，N校長のリーダーシップの存在が不可欠であったことを窺い知ることができる。

② 活動の展開と同僚性
　N校長のリーダーシップの下，1年目から自主的な研修会が発足した。これは，校務分掌に位置づかないインフォーマルな性格を有しており，教師間の垣根を取り払い，お互いが切磋琢磨し力量を高めようとするものであった。このことに関して，O教諭は次のように述べている。

　「ベテランの人とか，そんな先生が〔授業中〕ふらっと入ってきて，授業をぱっとみてそのまま立ち去る場合もあるし，場合によってはちょっと助言に入ったり……。打ち合わせをして，この時間に来てくださいというのではなくて，何の授業でも教えてもらったり，見てもらったりというのが

183

あたりまえになってる，というところがあったんですね。それは多分，創設当初から，そういう『学校文化』みたいなものがあるんですね。」（O教諭，筆者要約）

　このような自主研修に加えて，校務分掌に位置づいたフォーマルな体制も確立した。このような二つの研修体制を基盤として，授業研究会が広く一般に公開されるようになったのである。
　この授業研究会に対して，退職した優秀な元教師が指導に入るようにもなった。このことに関して，N校長は次のように述べている。

「先輩たちが残したものというのは，有形無形の形でいっぱい残ってる。それは，実践家が自分の中に取り入れながら，子どもと一緒に再生産していく。その営みが教育そのもの。ですから，チャンスがあった時には，その先輩たちと何らかの形で，研究会を一緒に行うということに意義がある。」（N校長，筆者要約）

　このような先輩の知的財産の活用に併せて，保護者や地域の教育力も巻き込み，授業研究会は発展を続ける。N校長の言葉を引く。

「研究会は，PTAからいろいろとしてもらいます。例えば，当日の受付とか。だから，PTAの役をされてきた方々というのは，みんな本校に対して誇りを持っておられると思います。ある意味，自分らが授業研究会をつくってきたというような……。」（N校長，筆者要約）

「他に助けてもらってるのが　例えば社会教育やったり，少年野球の人とかバレーの人とか。それから，緑のボランティアや，○○のおじいちゃんとか，手伝いに来てくれはる。地域が，やっぱり助けてくれてはるんですね。」（N校長，筆者要約）

第⑨章　音楽科における熟練教師の力量形成過程

　このようにN校長は，様々な立場の人々とのつながりが，学校の発展にとって不可欠な要素であることを強調する。
　授業研究会の継続に伴い，研究のコアとなる優秀な教師も加入するようになった。O教諭は次のように述べている。

　　「私はこの学校が3年目の時に転勤になりまして，実は創設当初からの公開授業発表には，2回とも来させていただいてるんです。それは自分自身，前任校でも音楽とか表現をやっていたので，この学校の研究テーマを見た時からすごく興味はありました。」（O教諭，筆者要約）

　O教諭のように，授業研究会の取り組みに触発され，自己の能力を同校で開花させようと考えた教師は，その多くが今では研究体制のコアとして活躍している。
　この授業研究会に文部科学省も注目し，平成19・20年度には同校を「国語力向上モデル事業国語教育推進校」に指定する。そのような中で，教師の力量向上の意欲はさらに促進され，「夏期表現研修会」が始まる。夏期表現研修会とは，同校の教師が講師となり，地域の他の小学校教師を指導するといったものである。
　そこに設定されているのは，音楽講座，ダンス講座，音読講座，国語講座，等である。この研修会では，他校の教師を指導するため，準備として日々の教育実践の省察が要求される。指導者の指導者となる経験を積むことによって，教師としてさらなる力量形成に拍車がかかり，それが授業研究会の発展の強固な土台となっているのである。

（4）　L小学校に学校音楽文化が定着した要因
　L小学校に音楽文化が定着した要因は，次の3点にまとめることができよう。
　一つ目は，「制度としての環境の変化」と「新しい教育理念の出現」が，改革の契機として同時に作用したことである。制度としての環境の変化とは，合

併による新しい学校の出発や教職員の一新等，過去の延長線上にはない，喩えるなら新雪のゲレンデのような状態にリセットされたことである。そしてその新雪に最初に描かれたシュプールこそが，N校長の教育理念であったといえよう。このような出発時の状況が，同校の取り組みが発展する最大の契機となったと考えられる。

　二つ目は，N校長のリーダーシップが，内部と外部の両方に大きく作用していることである。内部への啓発に関しては，前述したO教諭の言葉の通りである。すなわち，N校長は，表現教育に対する熱い情熱が全教師にみなぎるまで，自己の教育理念をドラスティックに語り続けている。この影響力は大きく，同校には「研究する教師集団」が形成されているといってよいであろう。また，外部に対しても，PTAあるいは地域に訴えかけ，学校への協力体制を築きあげている。学校を拠点にして，子どもと教師，保護者，地域等がつながり合うことを重要視していたことが窺える。いずれにせよ，内部組織の結集，外部団体の巻き込み，の両方に総力を結集した取り組みが奏功したという見方が可能となるであろう。

　三つ目は，「先輩の知的財産を活用し人材を育て，学校文化を継承しよう」とするL小学校の風（ふう）が，信頼関係を伴って職員間に確立されていることである。同校では，先輩の教育実践に学び，自分でもそれを追体験し省察するといった実践力が，若手教師に備わりつつある。また，熟練教師は教師間の閉鎖性を排除するべく，若手教師の授業に頻繁に入って助言を与えているのである。これは，「教師の力量を高めることがよい授業を生み出し，それが子どもたちを大切に育てることにつながる」という意識が教師間に共有されている証左であり，そのような良質で前向きな同僚性こそが，同校の教育活動を支えているといってよいであろう。

　以上，L小学校の事例は，第4節までに述べたA教諭の力量形成を支えたF校長とJ小学校の事例と酷似している。すなわち，L小学校の事例からも，音楽が学校文化として位置づくこと，音楽科に関する良質の同僚性が存在すること，の2点が音楽科における教師の力量形成に，大きな影響を与えることが理

第9章　音楽科における熟練教師の力量形成過程

解できるのである。

註
1) 序章に述べたように近年わが国では，稲垣ら（1988）の『教師のライフコース研究』，山﨑ら（1990）の「教師の力量形成に関する調査研究」などに端を発し，教職経験に焦点をあてた研究が注目されるようになってきた。
2) 序章でも取り上げたように高井良は，グッドソンらの提唱するライフヒストリー法を基盤とした教職経験の振り返りに関する研究について，その意義を認めている。以下参照。
　　高井良健一（1994）「教職生活における中年期の危機――ライフヒストリー法を中心に」『東京大学教育学部紀要』34，p.326。
3) グッドソン／サイクス，高井良健一・山田浩之・藤井泰・白松賢訳（2006）『ライフヒストリーの教育学――実践から方法論まで』昭和堂。
　　この方法に関して先行研究では，大きな社会構造にも触れている例もあれば，自分の学校，家庭といった個人をとりまく限定されたものに触れている例，あるいは，ほとんど個人史の再構成のみで論が展開する例等，様々なタイプを見ることができる。本論では，学校や地域といった個人をとりまく社会構造に言及している。
　　大きな社会構造にも触れている例は以下参照。
　　山﨑準二（2002）『教師のライフコース研究』創風社。
　　個人をとりまく限定されたものに触れている例は以下参照。
　　井上雅彦（2004）「高等学校国語科における授業デザインに関する一考察――ある学習者の言葉の学びと生活背景との関連をもとに」『日本教科教育学会誌』27(2)，日本教科教育学会，pp.1-10。
　　ほとんど個人史の再構成のみで論が展開する例は以下参照。
　　斎藤隆（2008）「現場の音楽科教師に哲学は必要か――音楽の授業に潜む呪縛の本質」『音楽教育実践ジャーナル』5(2)，日本音楽教育学会，pp.39-49。
4) ライフヒストリー法は多くの研究者に認知されている研究方法の一つである。例えば，国立情報学研究所の学術文献のデータベースで検索しても，ライフヒストリーに関する論文は，教育学，社会学等，様々なジャンルにおいて数多く見ることができる。
5) 井上は，ライフヒストリー法を用い，一人の人物についての事例研究を行い，個別的な事例を一つひとつ明らかにする研究の意義を述べている。また，ライフヒストリー法に関して次の2点を言及している。
　　「ライフヒストリーとは『ある個人の生活状況とその歴史的変遷を，口述をもとに聞

き手とのやり取りの中で編集し，記述した生活変遷史』である。その基本概念は〈個人〉〈生活〉〈口述〉〈史〉である。近年，このライフヒストリーを用いた研究は人文・社会科学分野で注目を浴びており，教育学の分野においては教師教育研究で行われている。」

「ライフヒストリー・アプローチでは，インタビューが重要な位置を占める。インタビューは社会的な共同行為であり，話し手と聞き手が対等の関係で語り合うなかで，その経験の歴史を描き出していく。」

この2点については以下参照。
　　井上，前掲書，p.9, 註3参照。

また，この2点と同様のことが，グッドソンとサイクスの著書（註3参照）にも述べられており，本稿における調査はそれらの手法に基づいて進められた。

6) 山﨑，前掲書，p.37, 註3参照。
7) 山﨑もこのような方法でインタビューを行い事例的考察を行っている。以下参照。
　　山﨑，前掲書，pp.41-42, 註3参照。
8) 中野卓・桜井厚（1995）『ライフヒストリーの社会学』弘文堂，p.69。
9) 関連資料として，A教諭の履歴書，研究紀要，学習指導案，授業観察ノート，F校長やK教諭らから教わったことの手書きメモ，研修手記，学級通信，新聞に掲載された児童の作文，B県小学校音楽研究大会のパンフレット，を入手し事実関係を確認した。なお，本稿におけるA教諭の言葉はインタビューに基づくものである。

また本研究では，聞き手の解釈・意味付与の信頼度を高めるため，仕上がったライフヒストリーの妥当性をインフォーマントに確認した後掲載した。以下参照。
　　グッドソン／サイクス，前掲書，p.47, 註3参照。

10) 髙井良は，教職11年目から19年目の時期をキャリア中盤の危機とする論を提示し，中年期の危機を説明している。以下参照。
　　髙井良，前掲書，p.325, 註2参照。
11) 筆者は1987年度から2004年度までの18年間，B県の小学校教諭として勤務していた。
12) 第3章に示したように「転機」に関して山﨑は次のように述べ，ライフヒストリー研究の極めて重要な視点であることを指摘している。

「『転機』とは教職について以降の経歴上で生まれる，教材観や子供観，あるいはそれを含めたトータルな意味での教育観に関するなんらかの変化や転換のことを意味している。」以下参照。
　　山﨑，前掲書，p.18, 註3参照。

本研究でも，この考え方に従い，転機に関して詳細に聞き取ることとした。

第⑨章　音楽科における熟練教師の力量形成過程

13) 山﨑はライフステージに関して，次のように説明している。
　「諸契機によって生み出された転機（あるいは移行期）を区切りとして，各時期ごとにそれぞれ姿を変えて表れてくるライフコース（教職経験等の人生航路）の断面であるといえよう」（括弧内は山﨑の説明から筆者が加筆した）。以下参照。
　　山﨑，前掲書，p. 22，註3参照。
　　ライフステージの概説は，序章に述べた通りである。
14) 第8章でも詳述したが，本章においても重要なタームであるため，音楽科授業観の定義を次の通り再確認しておく。
　「音楽科授業における教材観や子ども観，あるいはそれらを含めたトータルな意味での指導の根幹をなす考え方。」
15) 山﨑，前掲書，pp. 18-19，註3参照。
16) 菅裕（2000）「音楽教師の信念に関する研究――福島大学附属小学校における参与観察とインタビューをとおして」『日本教科教育学会誌』22(4)，日本教科教育学会，pp. 65-74。
17) 斎藤，前掲書，註3参照。
18) 権藤敦子（2008）「学校づくりと音楽科――協働を通して成長する教師」『音楽教育実践ジャーナル』5(2)，日本音楽教育学会，p. 26。
19) 本調査において収集・活用した資料は下記の通りである。なお，本文中の記述は，インタビューのデータに基づくものであり，必要に応じ下記資料により事実関係を確認している。
　・L小学校（2008）『平成20年度　研究のまとめ――表現　自ら学び，自ら考え取り組む子（個）』
　・L小学校（2008）『L小学校第4回公開授業――表現それは表に現れたる人としての育ち』
　・L小学校（2008）『L表現研修会――表現活動　国語・音楽・踊りを学びませんか』

終　章
研究の総括と今後の課題

　本章では，各章の研究成果をまとめる。その成果を基にして，音楽科における教師の力量形成を促進するための提言を実践的な視点から行う。今後の課題に関しては，研究対象，提言の実践，の2側面から整理し提示する。

第1節　研究の総括

（1）　各章における研究成果
第1章「『教師の力量形成』とは何か」
　第1章では，本研究の導入部として教師の力量形成の本質的な意味を探究し，概念の整理を試みた。力量形成という言葉を，「力量」と「形成」に分解してそれぞれの意味を解釈し定義やモデルを提示した。次にその定義やモデルに関連する先行研究を調査し，本研究の基盤となる理論構築へのプロローグとして取り上げることとした。
　教師の「力量」に関しては藤原の次の定義を採用した。

　　「教師の力量という概念を，資質能力と職能・専門性の中間に位置し，教
　　育活動のための専門的な知識や技術と，そうした活動のよりよい遂行を志
　　向した構えや態度を意味する概念と定義しておきたい。」

　上記の定義を基に，篠原による音楽科教師の力量モデルを提示し，それらの力量は授業中の教師の思考場面に凝縮した形で表れるという理論を導いた。併

せて，佐藤らの理論を援用し，新人教師と優秀な熟練教師の音楽科授業中の思考を比較する手法に着目した。さらには，ショーンのいう「反省的実践家」に関する理論的枠組みを解釈し関連研究から思考抽出の方法論を採用する，といった研究の方向性を確認した。

　一方，「形成」の意味するところは，「(教師としての力量が）形づくられ，成長や発達（development）していくこと」と捉え，その教師の人生における経過した時間を辿ることの重要性を確認した。このことを踏まえ，山﨑や高井良の理論を詳解し，彼らの研究のバックグラウンドとなったグッドソンやサイクスらの方法論を採用して教師の力量形成過程を探究することとした。

第2章「音楽科授業における教師の思考探究の基礎理論」

　第2章では，「反省的実践家（reflective practitioner）」理論に着目し，音楽科授業における教師の思考研究の基盤となる理論を構築した。ショーンのいう反省的実践家理論の中の「専門家像のパラダイム転換」「行為の中の知（knowing in action）」「行為の中の省察（reflection in action）」に着目し，音楽科授業と関連づけながら解釈した。このことによって，「授業場面の場の文脈に従った思考をし，独自で的確な行為が生み出されること」が，反省的実践家理論の中核をなすものであることが導かれた。

　次に，反省的実践家理論に基づいて，音楽科授業における教師の思考の構造を提示した。それは，①「状況把握」としての思考，②「判断」としての思考，③「(教授行為の）選択」としての思考という，3段階のステップとして整理された。

　このような教師の思考を抽出する理論として，ジェームズのいうプラグマティックな手法を基盤に据えた山田の方法論を採用した。それは，音楽科授業における教授行為を手がかりに，その教師がどのような思考をしながら授業づくりを進めたかについて，逆向きに辿る方法であった。これを具現化するため，教師の思考抽出に有効な手段とされている「再生刺激法」を用いることとした。

第3章「音楽科における教職経験探究の基礎理論」

　第3章では，教師の成長や発達に焦点をあて，音楽科における教職経験を探究するための基礎理論を構築した。山﨑の理論から，「教師のライフコースとライフステージの関係」「教師のライフステージの特徴」を明らかにした。さらには，教師のライフステージの実態として，「一般的なライフステージ」「各教師固有のライフステージ」「固有ではあるが共通したライフステージ」について考察を試みた。

　上記の考察を基盤として，どのライフステージに注目して本研究を進めるのか，その方向性を模索した。その結果，リアリティ・ショックと中年期の危機を経験する，新人期（養成期も含む）と中年期に特化して，取り組みを進めることが確認された。リアリティ・ショックと中年期の危機を乗り切ることで，教師は大きな自信を得てその後の成長を獲得するといった理論，すなわち危機を成長に転じることの探究こそが，本研究の目指すところであることが導かれた。

　そのような教職経験の調査法として，山﨑の理論を援用した回想法面接を用い，グッドソン／サイクスの理論に見られるライフヒストリー法を採用することとした。

　また，ライフヒストリー法の研究的意義として，近年，人文・社会科学分野で注目を浴びていること，個別的な事例を質的に一つひとつ明らかにすること，等が確認された。その一方で，「研究の枠組みが研究者の信念や先入観によってあらかじめ決まってしまいがち」であることや，個人対象の研究に多くの意義が見いだされてはいるものの，サンプル数が少ないといった指摘があるため，方法論としての信頼性をさらに高めるため，インタビューだけでなく入手できる限りの関連資料の検討にも力を注ぐことで，研究的弱点を補うこととした。

第4章「音楽科授業における教授行為」

　第4章では，音楽科授業に見られる教師の思考抽出の前段階として，教授行為そのものに焦点をあて論究した。最初に，音楽科授業に見られる教授行為を

大きく四つのカテゴリー，「言葉による働きかけ」「音楽を通した働きかけ」「体を使った働きかけ」「その他の働きかけ」に分けて定義づけた。

調査対象として選ばれた，新人教師と優秀な熟練教師に関するプロフィール，調査の対象となる授業形態・対象学年・授業の実際，授業者に知らせることがらに関しては，第5，6章にも共通しているので，本章に集約して述べた。

調査の結果として，音楽科授業における新人教師と優秀な熟練教師の教授行為の差異を，主にその種類に着目して詳述した。両者間に差異があった教授行為の種類は，指揮と指示・教師の歌い方・説明・ノンバーバルな働きかけ・指示に対する評価の割合，であった。

この教授行為の差異から考えて，本研究における熟練教師は以下の点で優れていることが理解できた。

- 指揮や指示という形で活動の要請を頻繁に行っていること。
- 範唱によって歌い方の指針を示し，その後は一緒に歌うのではなく，児童の歌声に耳を傾けることに集中し，次の評価，指示等を探るというような指導法をとっていること。
- 説明を行う際，より的確で分かりやすい，児童の実態に即した方法を選択していること。
- ノンバーバルな働きかけが多く，指導における非言語的な表現力が豊かであること。
- 評価表現によって児童の学習意欲を喚起させ，生き生きとした授業を展開していること。
- 児童の活動を瞬間的に値うちづけフィードバックするということを，強く意識して授業に臨んでいること。

第5章「音楽科授業における教師の思考様式(1)――『状況把握』としての思考」

第5章では，音楽科授業における教師の状況把握としての思考に関して論究した。調査した音楽科授業は第4章と同じである。

調査の結果として，音楽科授業における新人教師と優秀な熟練教師の状況把握としての思考の差異を，「教師が児童の状況を捉える力」「状況把握の視点」「状況把握の対象」「状況把握のため取り上げられた事象」の四つの側面から論究した。

両者間に存在する状況把握としての思考の差異から考えて，本研究における熟練教師は以下の点で優れていることが理解できた。

・瞬間的に豊かな表現で具体的に児童の状況を捉えること。
・能動的に児童の状況を捉えようとしていること。
・様々な幅広い視点から，児童の細部までを的確に捉えること。
・音楽科の教育内容に関する視点で状況把握をしていること。授業のねらいが音楽的に定まっていること。
・「授業の心構え」や「児童の意思表示」に注目し，関心・意欲・態度に関する視点で児童を捉えること（児童個人を見ながらも，同時にクラス全体にも目を向けていること）。
・個人をクラス全体へ返す・クラス全体を個人へ返すといった，児童個人とクラス全体をつなぐことに留意しながら，状況を捉えていること。
・児童の発する「音そのもの」に，細心の注意を払って状況把握をしていること。

第6章「音楽科授業における教師の思考様式(2)──『判断』『選択』としての思考」

第6章では，音楽科授業における教師の判断としての思考，（教授行為）の選択としての思考に関して論究した。調査した音楽科授業は第4章と同じである。

調査の結果として，音楽科授業における新人教師と優秀な熟練教師の判断・選択としての思考の差異を，「判断としての思考の類型」「推論を伴った判断」「見通しを持った判断」「思考の完結」の四つの側面から提示した。

両者間に存在する教師の判断・選択としての思考の差異から考えて，本研究

における熟練教師は以下の点で優れていることが理解できた。
- 具体的に焦点を定め，推論を伴った判断を積極的に行っていること。
- 長期的な見通しを持った判断を頻繁に行い，「今の授業」と「未来の子どもの状態」を結びつけた判断を的確に行っていること。
- 思考の完結の割合が高いこと。児童の実態や授業の事実を的確に捉え，判断し，教授行為を選択するという3種の思考が緊密であり一貫しているということ。

第7章「音楽科における新人教師の力量形成過程」

　第7章では，リアリティ・ショックを経験するといわれている新人期に焦点をあて，教職1年目の教師は音楽科授業に関してどのような困難に遭遇し，どのようにそれを乗り越えていくのかを調査した。

　調査対象として選ばれた3名の新人教師に，「困ったこと・悩んだことの詳細」「困ったこと・悩んだことが生じた原因」「困ったり悩んだりしたことを乗り越えるためにとった取り組み」「乗り越えるための取り組みをする間の自己の成長や気づき」「乗り越えるための取り組みのバックグラウンドとなるようなそれまでの学び・経験」「教壇に立つまでに経験しておきたいこと，身につけておきたいこと」について聞き取り調査を行い，先行研究との照合を基盤として，3名が共通して遭遇した困難を浮き彫りにした。

　その結果，3名の新人教師は共通して以下の困難に遭遇していることが判明した。
① 子どもの状況が予想と違う・読めないという困難
② 授業の進め方に関する困難
③ 自己の音楽科授業のあり方に迷うといった困難

上記の①に関しては以下の視点からさらに詳細に論じた。
- 子どもの音楽的能力・発達に関すること
- 子どもの音楽に対する意欲・態度に関すること
- 教師と異質な実態を呈する子どもに関すること

終　章　研究の総括と今後の課題

上記の②に関しては以下の視点からさらに詳細に論じた。
　・授業の流し方・展開の順序に関すること
　・授業ルーチンに関すること
　上記の③に関しては，「音楽の楽しさを味わわせることと，授業のねらいに迫りその内容や技能を習得させることの2点を，1時間の授業に同時に盛り込むことの難しさに悩んでいること」が確認された。
　上記に併せて，遭遇した困難をどのように乗り越えていったのかについて事例を再現し教師教育への示唆を得た。

第8章「新人教師の着眼点に見る音楽科教員養成の方向性」
　第8章では，音楽科における教員養成教育の方向性に関して論究した。教育現場に入って間もない新人教師は，音楽科授業で何を必要としているのかという実態に接近した。
　調査対象として選ばれたのは，教職経験2年2ヶ月以下の新人教師29名であった。今回の調査は，その29名が熟練教師の音楽科授業を参観した後に寄せた，自由記述による感想文を分析することにより進められた。
　その結果，多くの新人教師が関心を抱いたり求めたりしているものは，以下のようにまとめることができた。
① 教授行為の方法（音楽の指導，授業の組織，学級集団の組織，パフォーマンススタイルの確立）
② 応答関係，応答環境を導く学級経営の方法
③ 音楽の指導方法
④ 目指す像が設定できるような先輩の授業実践例
　上記①②③は，教育現場で即戦力となるため養成段階でトレーニングしたい「音楽科における教育方法に関する側面」，④は，目指す像を設定すること，すなわち目標に向かおうとする「教師としての成長に関する側面」と捉えることができた。
　この結果から得られた示唆を基盤として，音楽科における教員養成段階の教

197

育の方向性について考察を深めた。

第9章「音楽科における熟練教師の力量形成過程」
　第9章では，長年にわたり小学校で音楽科授業を行ってきた一人の優秀な熟練教師に焦点をあて，ライフヒストリー法を用いた教職経験の振り返りを通し，個人史を再構成した。インフォーマントとなったのは，教職経験年数22年5ヶ月のA教諭である。A教諭は，新人研修の講師，他校での合唱指導，県レベルの音楽研究会の公開演奏指揮を担当する等，地域でもその優秀さと実績，指導力を認められている人物であった。
　調査の結果，A教諭の教職経験には五つのライフステージと，四つの転機が確認された。これらを詳解することにより，音楽科における教師の力量形成の構造として，音楽科授業観の萌芽の形成とその再構成という順序性を伴った過程が浮かび上がった。また，音楽科授業観の再構成の本質とは，音楽の技能的側面及び音楽に対する興味・関心の側面のどちらを優先させるのか，あるいは調和させるのか，併せてそこに他の観点を加えるのか否か，というような複合的なテーマの組み替え作業であることが導かれた。
　さらには，音楽科における教師の力量形成の要因について探究する中で，とりわけ学校音楽文化と同僚性に目を向け，A教諭の事例の他にL小学校の事例も提示した。これらの事例から，音楽科における一人の教師の力量形成には，まわりの教師の意識や行動が大きく関与しており，①音楽が学校文化として位置づくこと，②音楽科に関する良質の同僚性が存在すること，の2点が大きな影響を与えることが確認された。

（2）　研究成果に立脚した提言
　本研究では力量形成という言葉を，「力量」と「形成」の二つのポイントに分解して事例研究を行った。前者に関する研究成果として，音楽科授業における教師の力量形成促進のための示唆を得られたことがあげられる。後者に関する研究成果としては，音楽科に携わる教師の力量形成の構造と，発達・成長を

促進するための要因を明らかにすることができたことがあげられる。
　上記の二つの研究成果を総合的に考察し、本項では、①音楽科授業中の教師の力量を高めるプログラム、②音楽科に携わる教師としての発達・成長を促進させるプログラム、を提言する。

① 音楽科授業中の教師の力量を高めるプログラム
(1) 状況把握としての思考を高めるために
〈状況把握の視点の明確化〉
・音楽科授業中において状況把握の視点を明確にし、能動的に全ての学習者を捉えるトレーニングを積む。意識せずとも勝手に飛び込んでくる情報のみを捉えないようにする。
・教師が明確な意図を持って聴いたり見たりすることを繰り返し、瞬間的な音の聴き分け、学習者の身体的所作の見極め等、その時の状況全てが具体的に聴こえる・見えるような状態に高める。
・状況把握している自己の状態をメタ認知する。
・授業記録（VTR）に基づいて、授業中に捉えられなかった状況が授業後に見えた場合、それを克明に記録し、自らの学習者を捉える視点として着眼点を広げる。
〈観察者としての状況把握〉
・授業者を離れた視点から学習者を観察する。他の教師の音楽科授業を観察し、学習者の状況を把握する。この時、授業者と同じ場所からではなく、学習者側に入っていくようなポジションで観察する。
・上記の前提として、学習者全員の音楽的能力、興味関心の対象等、多くの情報を事前に把握しておく。
・授業を進めながらも学習者の細部まで捉え得るような、いわば観察者としての授業者のレベルにまで認知力を高める。

(2) 判断としての思考を高めるために

〈具体的な焦点を定めた推論〉
・学習者の実態を熟知し，かつ音楽を知るということを基盤として，推論の具体的焦点を定める。
・学習者の音楽的素養はもちろん，クラスにおける人間関係，家庭環境，その日の健康状態，障害の状態等，あらゆる側面から推論を方向づける。
・音楽を常に探究し新たな発見を繰り返すことに喜びを感じ，それを基盤とした音楽的知識に学習者の状況を関連づけて推論する。
・自己の推論と真の学習者の状況とを比較し，そこに生じるズレを回避していく。

〈見通しを持った判断〉
・見通しを持つために，学習者にどのような力が備わってほしいのかという最終目標を明確にする。さらに，今ここで行っている授業が，最終目標に到達するための取り組みであることを強く意識する。学習者の将来像の明確化と，それに照準を合わせた授業実践を繰り返すことが，長期的な見通しを持った判断に結実することを意識する。
・学習者の発達段階を熟知することにより，長期的な見通しを持った判断をする。
・子どもの実態に対して，その本質を見極め，判断することを可能とする明確な規準を持つ。

(3) (教授行為の) 選択としての思考を高めるために
・状況把握と判断に基づく教授行為を選択する。
・特に若い教師には他人の実践に学ぶことを通して，数多くの教授行為を生み出す力を身につける時期があってよい。ただし，他人の教授行為をまねしさえすれば，自己の力量が高まっていくという考えを排除し，追試に挑む時期を早く脱し，状況に応じた教授行為を生む能力を高める。
・独自の教授行為を生み出すことに努める。そのためには，音楽科授業中どのような教授行為を選択しようか迷った時，その場面でどのような働きかけを

するべきかを，全能力を結集して考えぬく。教授行為の選択に迷った時にこそ，独自の教授行為が生み出されてくることを認識する。
・VTR中断法を用いて教授行為の産出能力を高める。

(4) 音楽科授業展開の能力を高めるために
・音楽科の教育内容に関する指導としての教授行為をとる能力（音楽科授業のメインとなる指導を行うための教授行為をとる能力）を高め，パフォーマンススタイルを確立する。
・授業を組織するための教授行為をとる能力を高める。音楽科授業のメインとなる指導を援護し，潤滑にするための教授行為に関して検討する。
・指示や説明等，要請としての教授行為を的確にとる力量を身につけるだけでなく，評価，つまり「学習者の活動に対して教師はどのように応えられるのか」という側面に力点をおく。
・音楽科と学級経営の緊密な関連性について様々な視点から検討し，音楽科の教科的特質をいかした学級経営の能力を高める。
・子どものノリのよさや和やかな雰囲気を保ちつつも，授業にけじめや切り替えを生じさせるといった音楽科特有の授業ルーチンを模索する。

② 音楽科に携わる教師としての発達・成長を促進させるプログラム
(1) 養成期への提言
・目指す音楽科授業像，教師像を描く。素晴らしい先輩の音楽科授業を数多く見る経験を積む。授業の中に感動をつくれるような，憧れを抱けるような先輩に出会う。
・授業だけに限定することなく，音楽会，コンクール等を参観する。このようなプログラムは，学生の自主的活動の範疇ではなく，教育実習あるいは他の教職科目等との連携も視野に入れた，養成機関全体の組織的な取り組みの中に位置づける。
・目指す像を設定することは，教師として成長するためのスタート地点に立つ

ことである。長きにわたる教師の成長を考えた時，そのスタート地点に立つことは，教育現場に出てからではなく，養成段階にこそ求められていることを認識する。

(2) 新人期への提言
・新人期にも養成期同様，憧れの抱ける衝撃的な授業と出会う。とりわけ初年度にそのような機会を多く設け，理想像を設定する。
・新人期の経験は，年月を経ても鮮明に残像が現れ生涯の目標となる可能性が高い。中年期の危機を乗り越えるための礎となり得る可能性も見据え，どんな状況下でも壊れることのない，心の支柱となるような先輩や授業に触れる機会を求める。
・「音楽科は国語科や算数科とは異なり，教育実習等でも参観する頻度の少ない教科である」「音楽科は授業展開についてアドバイスできる教師が少ない教科である」ことを認識し，校外にもメンターを求める。

(3) 中年期への提言
・中年期の危機を克服するため，「音楽科における中年期の危機とは，芸術の本質あるいは活動の意義や必然性の問い直し，つまり音楽科授業観の再構成を迫るものである」との認識を持つ。
・中年期の危機を克服するため，「この時期には，簡単に克服できない極めて危機的な状況が訪れるが，同時にそれは次のキャリアステージの扉を開ける成長の契機ともなる可能性を秘めている」との認識を持つ。
・授業の積み上げによる教育的効果を実感することで，自信及び見通しを持った判断力が形成されることを認識する。音楽科は時数が少ないため，授業から授業への間隔が長くなり，実践の積み上げによる教育効果が現れるまでに時間のかかる教科であることを考慮して，単年だけの担当ではなく，複数年同じ子どもたちを担当していくことも視野に入れる。

(4) 全てのライフステージに共通する提言
・音楽科における教師の力量形成の構造は，①「音楽科授業観の萌芽の形成」→②「音楽科授業観の再構成」という順序性を伴った過程として捉える。
・音楽科授業観は転機ごとに再構成され，その内容も変化していくことを認識する。併せて，音楽科授業観の再構成が授業に反映するか否かは，自身の力が及ばないような様々な条件（例えば転勤等）が深く関与していることも理解しておく。
・音楽科授業観の再構成の本質とは，音楽の技能的側面及び音楽に対する興味・関心の側面のどちらを優先させるのか，あるいは調和させるのか，併せてそこに他の観点を加えるのか否か，というような複合的なテーマの組み替え作業であるといった認識に立ち，自己の音楽科授業のあり方を追求し続ける。とりわけ，「刹那に興味関心を引くだけの短絡的な楽しさ」と「技能や感性の高まりに伴う実のある楽しさ」の違いを中心に，自らの音楽科授業を省察する。
・困難に対しネガティブな態度をとることなく，それを乗り越えようと試行錯誤し，何らかの気づきを得て自らを成長させる。すなわち，困難を成長のためのレッスンと変換して捉える。
・適時性の観点から，ライフステージに即した標準的な力量形成プログラムを模索していくことが重要となるが，その一方で，成長の個人差を考慮した教師一人ひとりに即したプログラムを設定することの重要性も併せて認識する。標準性と個別性を同時に見据えた柔軟な発想を持つ。

(5) 学校単位の視点からの提言
・学校全体を視野に入れ音楽文化をつくり出そうとする営みは，自己の授業にも好影響を及ぼす力量形成の重要なファクターであることを認識する。
・学校音楽文化の創造のためには，校長などキーとなる教師のリーダーシップが必要であることを認識する。
・音楽文化が学校に導かれるような潮流を捉え，音楽科の重要性が教育理念と

して唱えられるような状態をつくり出す。
・音楽科に理解を示すといった良質の同僚性が[2)]，教師の力量形成を促進する一つの要因であることを学校の中の全教師が認識できるよう，教師間の閉鎖性を排除した音楽文化の定着を学校の風として確立する。

第2節　今後の課題

　本研究では，第1に，先行研究から音楽科における教師の力量形成研究を進める上での指針となる基礎理論を導き出した。第2に，音楽科授業に表れる新人教師と優秀な熟練教師の力量の差異を，教師の思考に着目して明らかにし，音楽科授業における教師の力量形成の促進について検討した。

　第3に，音楽科における教師の成長過程を検討することで，養成期及び新人期の力量形成を促進するための理論を展開するとともに，優秀な熟練教師となるための力量形成の構造と要因を解明した。第4に，音楽科授業中の教師の力量を高めるプログラム，音楽科に携わる教師としての発達・成長を促進させるプログラム，を提言した。

　上記の4点は，先行研究にない未開拓の領域に先鞭をつけるという点から，教育実践学にささやかながらも，何らかの情報提供ができたのではないかと考えている。

　その一方で，課題が残されていることも事実である。本研究の今後の課題を，①研究対象に関して，②研究成果に立脚した提言の実践に関して，の二つの視点から整理して以下に提示する。

（1）　研究対象に関する課題

　研究対象に関しては，以下の3点についてさらに検討を続けていくことが，今後の課題であると考えている。

　一つ目は，教師の思考場面に関してである。本研究において，教師の思考に関する調査を行ったが，それは音楽科授業場面に限定されていた。第1章でも

示した通り，授業準備の場面にも教師は意思決定等の思考を行っている。今後は，現存する音楽科学習指導案等を調査し，授業準備の場面における教師の思考にも目を向け，さらなる検証を行う必要があると考えている。

二つ目は，音楽科における新人教師特有の優秀さに関してである。今回紹介した新人教師は児童への親密性，愛情等において熟練教師に勝るとも劣らない資質を備えた教師であった。このことを踏まえた時，熟練教師の優秀さばかりではなく，学習者に好影響を及ぼす新人教師特有の力量に関しても，研究の裾野を広げていきたいと考えている。

三つ目は，本研究では触れられなかった教師の思考の実態について論究することである。具体例をあげる。本研究において，教師の思考は「状況把握」→「判断」→「選択」というステップを経て順に生起するとした。しかしながら，この三つのステップは，上記の順序では生じない，あるいは行きつ戻りつしながら進行する，他のステップが存在する，等々のケースも考えられよう。また，無意識のうちに生起した思考（暗黙的な思考）については，今回の調査法では抽出されていない可能性も考えられる。これらの例のように，本研究では対象とされなかった教師の思考の存在を視野に入れ，それらを究明することができるような方法論をさらに検討し構築していく必要があると考えている。

（2） 研究成果に立脚した提言の実践に関する課題

本研究では，音楽科における教師の力量形成のための様々な提言を試みた。この根底には，「研究結果から示唆されたことがらが，教師の日々の音楽科授業実践を向上させる一助になれば」といった筆者の願いが存在する。

しかしながら，本研究で提示した力量形成への提言を実行に移すことは，多忙を極める教育現場の教師にとってたやすいことではない。音楽科授業実践に対する教師の意識変革，研究時間の捻出等，課題が山積していることも事実であろう。

このような，教育現場レベルでの課題を一つひとつ克服して実践を積み重ねることこそが重要であり，音楽科における教師の力量形成を促進させる鍵を握

っているといっても過言ではない。

註
1) 第7章―第4節―（1）では，新人教師の力量形成への示唆として「子どもの状況把握に基づいた教授行為の重要性を認識する」ことを述べているが，これは第5章でも検証された「状況把握としての思考」と内容的に重複している。そのため，第7章―第4節―（1）「子どもの状況把握に基づいた教授行為の重要性を認識する」は，終章―第1節―（2）―②―(2)新人期への提言，ではなく，終章―第1節―（2）―①―(1)状況把握としての思考を高めるために，の中に記載した。このように，複数の章で指摘された内容は，終章の二つのプログラムのどちらかへ整理して記載している。
2) 教師にとって同僚と共に研鑽することは，極めて重要な経験であり，先輩教師（メンター）の存在を研究した取り組みも散見することができる。以下参照。

　　岩川直樹（1994）「教職におけるメンタリング」『日本の教師文化』東京大学出版会，pp.97-107。

　また，個人としての力量形成だけでなく，同僚と共に研鑽し伸びていくことの重要性を唱える先行研究は他にも存在する。例えば，清水は，教師は同僚と共に生き実践することで成長するとした。以下参照。

　　清水毅四郎（2002）「同僚と共に生き実践する」『教師として生きる』（講座教師教育学　Ⅲ）学文社，pp.51-93。

文献目録

【英語文献】

Dunkin, M. and Biddle, B. (1974) *The Study of Teaching*, Scott, Foreman.

Elder, G. H. (1978) "Family History and The Life Course," in T. K. Hareven ed., *Transitions: The Family and the Life Course in Historical Perspective*, Academic Press.

Goodson, I. F. ed. (1992) *Studying Teacher's Lives*, Routledge.

Goodson, Ivor and Sikes, Pat (2001) *Life History Research in Educational Settings: Learning from Lives*, Open University Press. (高井良健一・山田浩之・藤井泰・白松賢訳 (2006)『ライフヒストリーの教育学――実践から方法論まで』昭和堂.)

Huberman, M. (1989) "The Professional Life Cycle of Teachers," *Teachers college Record*, 91(1).

Kagan, D. M. (1992) "Professional growth among preservice and beginning teachers," *Review of Educational Research*, 62(2).

Schön, Donald (1983) *The Reflective Practitioner: How Professionals Think in Action*, Basic Books. (佐藤学・秋田喜代美訳 (2001)『専門家の知恵――反省的実践家は行為しながら考える』ゆみる出版.)

Swanwick, Keith (1999) *Teaching Music Musically*, Routledge.

Tait, Malcolm and Haack, Paul (1984) *Principles and Processes of Music Education*, Teachers College Press. (千成俊夫・竹内俊一・山田潤次訳 (1991)『音楽教育の原理と方法』音楽之友社.)

【邦語文献】

秋田喜代美 (1992)「教師の知識と思考に関する研究動向」『東京大学教育学部紀要』32.

浅井和行・岡本正志・高乗秀明・佐々木真理 (2007)「教師の力量形成のための試み」『京都教育大学教育実践研究紀要』7.

浅田匡 他 (1998)『成長する教師　教師学への誘い』金子書房.

安彦忠彦 (1983)『現代授業論双書41　現代授業研究の批判と展望』明治図書.

伊藤誠 (2008)「音楽科教師に求められる実践的指導力――教員養成の充実と改善に向けて」『音楽教育実践ジャーナル』5(2), 日本音楽教育学会.

稲垣忠彦・佐藤学（1996）『授業研究入門』岩波書店．

稲垣忠彦・寺崎昌男・松平信久ほか（1988）『教師のライフコース研究——昭和史を教師として生きて』東京大学出版会．

井上雅彦（2004）「高等学校国語科における授業デザインに関する一考察——ある学習者の言葉の学びと生活背景との関連をもとに」『日本教科教育学会誌』27(2)，日本教科教育学会．

岩川直樹（1994）「教職におけるメンタリング」『日本の教師文化』東京大学出版会．

岩下修（1986）『「指示」の明確化で授業はよくなる』明治図書．

宇佐美寛（1978）『授業にとって「理論」とは何か（明治図書選書7）』明治図書．

緒方満（2008）「小学校音楽科の教育実習指導——実習生の授業実践力をどのように育成するか」『音楽教育実践ジャーナル』5(2)，日本音楽教育学会．

緒方満（2009）「小学校音楽科教師からの幼児音楽教育への提言——音楽科教育の現状と課題を交えて」『幼児の音楽教育法——美しい歌声をめざして』ふくろう出版．

小野擴男（2003）「応答関係と応答環境」『教育用語辞典』ミネルヴァ書房．

金井壽宏（2002）『働く人のためのキャリアデザイン』PHP研究所．

吉川廣二（1997）『苦手な教師のための音楽指導のコツ』明治図書．

木原成一郎（2007）「初任者教師の抱える心配と力量形成の契機」グループ・ディダクティカ編『学びのための教師論』勁草書房．

黒羽正見（1999）「教授行為に表出する『教師の信念』に関する研究——ある小学校教師の挿話的語りに着目して」『日本教科教育学会誌』21(4)，日本教科教育学会．

小山悦司（1986）「力量の概念」岸本幸次郎・久高善幸編『教師の力量形成』ぎょうせい．

古山典子・瀧川淳（2008）「音楽科教師の価値体系の形成について(1)」『日本音楽教育学会第39回大会プログラム』．

権藤敦子（2005）「実践者と研究者を結ぶ鍵——ポートフォリオと自分史」『音楽教育実践ジャーナル』3(1)，日本音楽教育学会．

権藤敦子（2008）「学校づくりと音楽科——協働を通して成長する教師」『音楽教育実践ジャーナル』5(2)，日本音楽教育学会．

斎藤喜博（1984）『第二期斎藤喜博全集』第2巻，国土社．

斎藤喜博（1984）『第二期斎藤喜博全集』第3巻，国土社．

斎藤隆（2008）「現場の音楽科教師に哲学は必要か——音楽の授業に潜む呪縛の本質」『音楽教育実践ジャーナル』5(2)，日本音楽教育学会．

佐伯胖・黒崎勲・佐藤学・田中孝彦・浜田寿美男・藤田英典（1998）『教師像の再構築』岩波書店．

桜井厚・小林多寿子（2005）『ライフストーリー・インタビュー　質的研究入門』せりか書房.

迫田一弘（2006）「新卒が学校でまともに授業できないわけ」『教室ツーウェイ』326，明治図書.

佐藤学（1989）『教室からの改革――日米の現場から』国土社.

佐藤学（1996）『教育方法学』岩波書店.

佐藤学・岩川直樹・秋田喜代美（1990）「教師の実践的思考様式に関する研究(1)――熟練教師と初任者教師のモニタリングの比較を中心に」『東京大学教育学部紀要』30.

佐藤学・岩川直樹・秋田喜代美・吉村敏之（1991）「教師の実践的思考様式に関する研究(2)――思考過程の質的検討を中心に」『東京大学教育学部紀要』31.

澤本和子（1996）「教師の実践的力量形成を支援する授業リフレクション研究　その1　授業研究演習システムの開発」『教育実践学研究』3.

篠原秀夫（1989）「音楽科教育における言語指導行為の研究（Ⅰ）――指示を中心に」『北海道教育大学紀要』40(1).

篠原秀夫（1992）「音楽科教師の力量形成に関する一考察――意思決定を中心に」『北海道教育大学紀要』43(1).

篠原秀夫（1994）『子どもが動く音楽授業づくり』日本書籍.

篠原秀夫（2006）「教員養成シラバス案10」『生成を原理とする21世紀音楽カリキュラム幼稚園から高等学校まで』日本学校音楽教育実践学会.

清水毅四郎（2002）「同僚と共に生き実践する」『教師として生きる』（講座教師教育学Ⅲ）学文社.

新村出（1998）『広辞苑　第5版』岩波書店.

菅裕（2000）「音楽教師の信念に関する研究――福島大学附属小学校における参与観察とインタビューをとおして」『日本教科教育学会誌』22(4)，日本教科教育学会.

菅裕（2002）「音楽科教育実習における実践的力量形成に関する研究――授業観察記述と実習録の分析を通して」『日本教科教育学会誌』25(3)，日本教科教育学会.

菅裕（2007）「音楽科教育実習生の課題意識――音楽教師に求められる実践的知識の解明に向けて」『宮崎大学教育文化学部紀要　芸術・保健体育・家政・技術』.

菅裕（2009）「経験年数の異なる5名の吹奏楽指導者の演奏指導方法と指導観の比較」『音楽教育学』39(1)，日本音楽教育学会.

千成俊夫・竹内俊一ほか（1988）『視点をかえた音楽の授業づくり』音楽之友社.

高井良健一（1994）「教職生活における中年期の危機――ライフヒストリー法を中心に」『東京大学教育学部紀要』34.

高井良健一（2006）「生涯を教師として生きる」『新しい時代の教職入門』有斐閣．
高井良健一（2007）「教師研究の現在」『教育学研究』74(2)，日本教育学会．
高見仁志（2006）「初等音楽教育における教師の実践的力量に関する研究──新人教師と熟練教師の教授行為の比較を中心として」『湊川短期大学紀要』42．
高見仁志（2008）「新人教師は熟練教師の音楽科授業の『何』を観ているのか──小学校教員養成への提言」『音楽教育実践ジャーナル』5(2)，日本音楽教育学会．
高見仁志（2009）「教師のライフステージに関する研究──音楽科における教師教育プログラム開発の礎」『湊川短期大学紀要』45．
高見仁志（2010）「音楽科における教師の力量形成研究の諸相」『湊川短期大学紀要』46．
高見仁志（2010）「小学校音楽科における新人教師の成長──遭遇する困難と力量形成」『音楽教育実践ジャーナル』7(2)，日本音楽教育学会．
高見仁志（2011）「小学校音楽科における教師のライフヒストリー──教師の力量形成の構造と要因」『日本教科教育学会誌』34(2)，日本教科教育学会．
高見仁志（2012）「音楽科授業における教師の思考に関する基礎的研究──ドナルド・ショーンの反省的実践家理論を手がかりとして」『教育実践学論集』13，兵庫教育大学大学院連合学校教育学研究科．
瀧川淳（2007）「音楽教師の行為と省察──反省的実践の批判的検討を通した身体知の考察」博士論文，東京芸術大学．
武井敦史・田中響・辻誠・高見仁志・杉山美也子・二見素雅子（2011）「学校の特色づくりにおけるリーダーシップと組織対応──5校園の事例間比較研究」『教育実践学論集』12，兵庫教育大学大学院連合学校教育学研究科．
竹内俊一・高見仁志ほか（2004）「指導案に関する研究──小・中学校における音楽の授業の場合」『兵庫教育大学研究紀要』24，第2分冊．
竹内俊一・高見仁志（2004）「音楽科教師の力量形成に関する研究──教師による『状況把握』を中心として」『兵庫教育大学研究紀要』25．
竹内俊一・高見仁志（2006）「音楽科教師の力量形成に関する研究──教授行為の基盤となる教師の内面的思考『判断』『選択』を中心として」『教育実践学論集』7，兵庫教育大学大学院連合学校教育学研究科．
竹内俊一・高見仁志ほか（2006）「小・中学校における音楽科学習指導案に関する研究──『児童・生徒の実態』『学習教材』『題材設定理由』の記述を中心として」『芸術教育実践学』7，芸術教育実践学会．
田中智志（1996）「教育学基礎用語200字解説」『AERA Mook 教育学がわかる』朝日新聞社．

中野和光 (2004)「カリキュラム・リーダーシップと教師の力量形成——イングリッシュ Fenwick W. English のカリキュラム経営論を中心にして」広島大学大学院教育学研究科紀要，第3部，53．

中野卓・桜井厚 (1995)『ライフヒストリーの社会学』弘文堂．

長島真人 (2009)「音楽科教員養成の構想と実践(1)——音楽科授業力評価スタンダードの開発と活用」『鳴門教育大学授業実践研究』8．

西園芳信・増井三夫 (2009)『教育実践から捉える教員養成のための教科内容学研究』風間書房．

西園芳信・小島律子ほか (2006) 日本学校音楽教育実践学会編『生成を原理とする21世紀音楽カリキュラム幼稚園から高等学校まで』東京書籍．

西園芳信・頃安利秀・大熊信彦 (2009)「音楽科の教科内容構成の原理と枠組み」『教育実践から捉える教員養成のための教科内容学研究』風間書房．

西之園晴夫 (1981)『授業の過程（教育学大全集第30巻）』第一法規．

野村幸治 (2000)「音楽科の教科論的特質と授業研究のありかた」『音楽教育学研究 2《音楽教育の実践研究》』音楽之友社．

藤岡完治 (1998)「プロローグ 成長する教師」浅田匡・生田孝至・藤岡完治編『成長する教師 教師学への誘い』金子書房．

藤岡信勝 (1987)「教材を見直す」『岩波講座 教育の方法3 子どもと授業』岩波書店．

藤岡信勝 (1988)「ビデオをとめて授業の腕をあげよう——ストップモーション方式による授業研究の提唱」『授業づくりネットワーク』創刊4号，日本書籍．

藤岡信勝 (1989)「"教授行為"への着目がなぜ必要か〈上〉——津田順二氏への手紙」『授業づくりネットワーク No.17』学事出版．

藤岡信勝 (1989)『授業づくりの発想』日本書籍．

藤川大祐 (1992)「ストップモーション方式を捉え直す——教師の力量形成に寄与するために」『授業づくりネットワーク』5(5)，学事出版．

藤原顕 (2007)「現代教師論の論点——学校教師の自立的な力量形成を中心に」グループ・ディダクティカ編『学びのための教師論』勁草書房．

向山洋一 (1984)『子どもを動かす法則と応用』明治図書．

向山洋一 (1985)『授業の腕をあげる法則』明治図書．

向山洋一 代表 (2006)『教室ツーウェイ』326，明治図書．

無藤隆 (2009)「新教育課程で求める教師力 (1) 習得とは何か」『現代教育科学』No.631．

村山士郎・氏岡真弓 (2005)『失敗だらけの新人教師』大月書店．

八木正一（1991）「音楽の授業における教師の意思決定に関する一考察」『埼玉大学紀要〔教育学部〕』40(1)．

八木正一（1991）「音楽の授業研究　研究の動向　音楽教育研究の抽象から具体へ」『音楽教育学の展望Ⅱ』音楽之友社．

八木正一（1991）「音楽科の授業モデルとシステムに関する研究」『音楽教育学』20(2)，日本音楽教育学会．

八木正一（1993）「授業研究の方法を創る――93年度のまとめ」『音楽教育学』23(2)，日本音楽教育学会．

八木正一（1995）『音楽科授業づくりの探究』国土社．

八木正一（1996）「音楽科における授業システムと授業構成」『音楽科授業実践データベースシステムの開発に基づく体系的授業研究』国立教育研究所．

山﨑準二（2002）『教師のライフコース研究』創風社．

山﨑準二・小森麻知子・紅林伸幸・河村利和（1990）「教師の力量形成に関する調査研究――静岡大学教育学部の8つの卒業コーホートを同一対象とした1984年調査及び1989年追跡調査の結果の比較分析報告」『静岡大学教育学部研究報告　人文・社会科学篇』41．

山田潤次（2000）「音楽科における授業研究の意義と方法」日本音楽教育学会編『音楽教育学研究2《音楽教育の実践研究》』音楽之友社．

山本幸正（2008）「これからの音楽教師に求められる資質・能力とは何か」日本学校音楽教育実践学会，第13回大会発表資料．

横須賀薫（1990）『授業研究用語辞典』教育出版．

吉崎静夫（1983）「授業実施過程における教師の意思決定」『日本教育工学雑誌』8，日本教育工学会．

吉崎静夫（1986）「教師の意思決定と授業行動の関係(2)」『日本教育工学雑誌』10，日本教育工学会．

吉崎静夫（1989）「授業研究と教師教育(2)――教師の意思決定研究からの示唆」『鳴門教育大学研究紀要　教育科学編』4．

吉崎静夫（1997）『デザイナーとしての教師，アクターとしての教師』金子書房．

吉崎静夫（1998）「一人立ちへの道筋」浅田匡・生田孝至・藤岡完治編『成長する教師　教師学への誘い』金子書房．

吉富功修ほか（1999）『音楽教師のための行動分析――教師が変われば子どもが変わる』北大路書房．

吉田孝（2004）「音楽の授業における発問の機能――『赤とんぼ』の授業を例にして」『音

楽教育実践ジャーナル』2(1)，日本音楽教育学会．
吉田孝（2011）『毫モ異ナル所ナシ　伊澤修二の音律論』関西学院大学出版会．

あ と が き

　本書は，兵庫教育大学大学院連合学校教育学研究科において，博士（学校教育学）の学位を授与された学位論文（「小学校音楽科における教師の力量形成に関する研究」）を再検討し加筆修正したものである。刊行に至るまでの過程では，考察のさらなる充実化，章及び節のタイトルの改訂等々，内容的な密度を高める作業を積み重ねることに努めたつもりである。

　本書のテーマは，タイトルが示すとおり音楽科における教師論である。長い間，私は音楽教育の先行研究の中に教師論，すなわち教師そのものに焦点をあてた研究が少ないことに疑問を抱いていた。なぜなら，とりわけ音楽科では（他教科にもいえることではあるが），教師の力量によって授業の成果が左右されることを体験的に知っていたからである。

　このような疑問を抱く中，本文中にも示した以下の指摘に出会った。

　　「（音楽科では）とくに，授業における教育内容や教材レベルの問題に焦点をあてて行われたもの（研究）が多い。この背後には，教育内容，教材の良し悪しが授業の成立を左右するという，音楽科に伝統的な授業観を見てとれる。」（八木，1991）

　この言葉は，「音楽科では教育内容あるいは教材となる音楽それ自体がおもしろく興味関心のまととなり，それを扱う教師自身が対象となるような研究がこれまで少なかった」といった解釈を成立させ，私を音楽科における教師研究へ誘う端緒となった。研究を進めるにあたっては，二つの観点を設定した。第一に「音楽科授業における教師の思考の観点」，第二に「音楽科における教師の成長過程の観点」である。これらに焦点をあてた教師の力量形成研究は，学術的に意義は認められているものの，音楽科においては極めて先行例の少ないものであったため，それらを中核に据えて出版という形で広く世に問うこととした。

ささやかながら本書が刊行にまでたどり着いたのは，多くの方々からのご指導・ご助言をいただいたからである。大学院修士課程から博士課程まで，公私にわたってご指導いただいた竹内俊一先生（兵庫教育大学大学院教授）は私の恩師である。先生には，研究の構成段階から論文の審査に至るまで懇切丁寧にご指導いただいた。研究の進め方，研究者としての心得等はもちろんのこと，人を大切にすること，研究者・教育者としての生き方までをもご示唆いただいたことに深甚の謝意を申し上げたい。博士課程の副指導教官である西園芳信先生（鳴門教育大学理事・副学長），保坂博光先生（兵庫教育大学大学院教授），講義をとおしてご示唆をいただいた長島真人先生（鳴門教育大学大学院教授），ならびに論文審査の先生方からも貴重なご助言をいただいた。審査の席あるいはプレゼンテーションの場における質問やご意見を，できるだけ論文に反映するように心がけたつもりである。また，本研究における調査対象の先生方，各校の校長先生をはじめとする職員・児童の皆様には，データの収集や分析等に対して並々ならぬご理解とご協力をいただいた。本書においては，研究の性質上匿名の記述に心がけており，ここでも各位のご芳名を公表することは控えさせていただくことをお許し願いたい。

　本書の出版には，平成26年度佛教大学出版助成を受けている。山極伸之学長をはじめ，佛教大学の先生方や事務職員の皆様には，快適な研究環境を与えていただいていることを心より感謝申し上げる次第である。とりわけ，本書の出版に際して親身になってご指導いただいた佛教大学教育学部長原清治先生，ご配慮いただいた株式会社ミネルヴァ書房浅井久仁人氏，東寿浩氏にも厚くお礼申し上げたい。

　今回このような形で研究の成果を発表することができたのも，関わっていただいた多くの方々のお力添えの賜であることをあらためて感じる。お一人おひとりを記すことはできないが，感謝してもし尽くせない思いである。

　最後に，研究を支え続けてくれた妻にも感謝したい。

2013年　大晦日　京都の自宅にて
高見仁志

人名索引

ア行
秋田喜代美　3
安彦忠彦　18
稲垣忠彦　4
岩川直樹　3, 206
宇佐美寛　43
氏岡真弓　139
エルダー（Elder, G. H.）　45
緒方満　138
小野擴男　159

カ行
鎌田典三郎　165, 175
木原成一郎　139
グッドソン（Goodson, I.）　23, 57
ケーガン（Kagan, D. M.）　59, 125
小山悦司　17
古山典子　5
権藤敦子　4, 189

サ行
サイクス（Sikes, P.）　23, 57
斎藤喜博　98
斎藤隆　5
桜井厚　60
佐藤学　3, 20, 37, 104, 138
ジェームズ（James, W.）　38
篠原秀夫　3
清水毅四郎　206
ショーン（Schön, D.）　21, 25-27
菅裕　3, 189

ステンハウス（Stenhouse, L.）　42

タ行
高井良健一　22, 53, 188
瀧川淳　5
田中智志　17
ダンキン（Dunkin, M.）　37
テイト（Tait, M.）　112, 113
デューイ（Dewey, J.）　25

ナ行
中野卓　60
西之園晴夫　3

ハ行
ハック（Haack, P.）　112, 113
ビドル（Biddle, B.）　37
ヒューバーマン（Huberman, M.）　51
藤岡完治　22
藤岡信勝　12, 43
藤原顕　10, 17

マ行
向山洋一　42
村山士郎　139

ヤ行
八木正一　3, 42
山﨑準二　4, 188
山田潤次　3, 38
吉崎静夫　3, 40, 125, 140

事項索引

A-Z

development　21-22
funny　129
in-service education　→現職教育　54, 141
interesting　129
Jポップ　131
knowing in action　→行為の中の知　27-28
LD　112
PDCAサイクル　171
pre-service education　→養成教育　54, 141
PTA　184, 186
reflection after action　→行為の後の省察　29, 99
reflection in action　→行為の中の省察　28-31, 32, 84, 99, 117
reflection on action　→行為についての省察　29
reflective practitioner　→反省的実践家　21, 25-27
stimulated recall method　→再生刺激法　39-40, 82
technical expert　→技術的熟達者　26-27
technical rationality　→技術的合理性　26-27
turning point　→転機　55
VTR中断法　116

ア行

相づち　63
アニメソング　130
あらゆるジャンル　131
荒れ　166, 169, 177
暗黙知　25
暗黙的　108, 205

意思決定　3, 19, 20, 33, 126, 135, 204
一緒に歌う　64, 74, 148
インセンティブ　157
インタビュー　162, 180
インフォーマント　56, 162, 181
応答環境　151, 153, 155
応答関係　151, 153, 155
音以外　95-96
音そのもの　93-95
音の感じ　29
音楽科学習指導案　205
音楽科教師の力量モデル　19
音楽科授業観　147, 159, 170, 174
　　――の再構成　174-176
　　――の萌芽　175
音楽科授業中の教師の力量を高めるプログラム　199-201
音楽科授業における教師の思考モデル　34
音楽科授業の難しさ　1-2
音楽科と学級経営　155-156
音楽科特有の問題点　5
音楽科に携わる教師としての発達・成長を促進させるプログラム　201-204
音楽科の教育内容　86, 96, 112
音楽教室の雰囲気　2, 138
音楽ショー　129
音楽専科　143, 158
音楽体験　138
音楽的な力量　18
音楽的能力　124, 131, 136, 141, 148
　子どもの――　126
音楽に対する姿勢，態度　18
音楽に対する主体性　114
音楽の指導方法　124, 153, 156, 159
音楽文化　131, 172, 174, 179, 181, 185
　学校――　172
音楽を知る　111, 112

事項索引

音楽を通した働きかけ　64

カ行
回想法面接　162
学習集団の組織　150, 153
確認　63
価値葛藤　27
学級経営　86, 89-90, 97, 150, 153
学級崩壊　141
学校文化　127
合唱団モデル　65, 80
勝手に飛び込んでくる情報　97
過程-産出モデル　36-37, 39
過程モデル　37
体を使った働きかけ　64
観察者としての授業者　99, 136
関心・意欲・態度　86, 88
技術的合理性　26-27
技術的実践の授業分析　38
技術的熟達者　26-27
規準　136, 137
休職　141
教育技術の法則化運動　42
教育実習　128, 132, 157, 177
教育実習生の授業　3
教育内容・教材に対する能力　19
教具　135
教材研究　134, 154
教材提示　64
教師間の閉鎖性　186
教師教育の連続性　158
教師集団　179, 186
教師像　152, 157
教師と異質な子どもの実態　127
教師の意識変革　205
教師の思考　10
教師の信念　159
教師の成長　16
教師の力量　10
教師発達　16
教授行為　4, 12, 33, 35, 38, 63-64, 115, 127,
　135, 145, 147, 148-150, 152, 153, 154

音楽の指導としての――　149, 154, 159
授業を組織するための――　154
状況に応じた――　117
他人の――　117
独自の――　116
――の風　155
（教授行為の）選択　32, 34, 82, 101, 108,
　109
教職経験　4, 22, 24, 56, 107
――の振り返り　12, 22, 24
曲の選定　123
切り替え　137
具体的な視点　87
クラス像　152, 157
経過した時間を辿る　21
形成　21-22
ケーススタディー　37
けじめのない授業　128
結婚　164, 165, 166
研究会　171, 180
研究時間の捻出　205
言語的な営み　29
研修　48-51
現職教育　54
行為についての省察　29
行為の後の省察　29, 98
行為の中の省察　28-31, 32, 85, 99, 117
行為の中の知　27-28
校長のリーダーシップ　183
言葉による働きかけ　63
子どもに対する対応能力　19
子どもの変容　147
個を全体に返す　92
困難　120, 122, 123-125, 139
　音楽科授業のあり方に迷うといった――
　129
　子どもの状況が予想と違う・読めないと
　いう――　124-128
　授業の進め方に関する――　128
　――を乗り越える営み　130

219

サ行

再生刺激法　39-40, 82
採用数　120
産休　164, 165, 166, 167, 178
参与観察法　37
時間講師　121
指揮　64, 72-73, 78, 148, 151
指揮（伴奏）　72
試行錯誤　133, 158
思考抽出法　21
思考と行為の連鎖　31
思考の完結　33, 108-111
思考モデル　6
指示　63, 72-73, 78, 143, 148
指示に対する評価の割合　76-77, 78
視線　64, 148
質的調査法　162
実のある楽しさ　138
児童・生徒への愛情　18
指導技術的な側面　17
児童の状況
　　授業中の（瞬間的な）——　83-85
　　前時までの——　83-84
指名　63
社会教育　184
ジャズ・ミュージシャン　28-29
授業が積み上がらない状態　167
授業観　4, 107
　　音楽科に伝統的な——　5
授業経営　86, 89-90, 97
授業構想　147, 153
授業準備の場面　204
授業書モデル　65, 118
授業像　152, 157
授業の組織　149, 153
授業の積み上げ　170, 173, 178
授業ルーチン　128, 133, 137, 140
熟練教師　20, 36
状況把握　27, 30, 32, 34, 36, 74, 81, 82, 108, 109, 115, 117, 126, 132, 135, 136
　　——の視点　86
　　——の対象　90

衝撃的な授業　176
情熱と意欲　18
情報収集　112
ジョーク　64, 148
職員室　1
職能や専門性の発達　16
職務遂行力　17
試練　55
人格的教師論　22
シンコペーション　85, 86
新人教師　20
新人教師特有の力量
　　学習者に好影響を及ぼす——　205
人生航路　45
スタート地点　158
スタンダード　156, 158
ストップモーション　40, 82
正規採用　121
成長に拍車がかかる時期　6
説明　63, 69, 75, 78, 148
専科教師　121
全体を個に返す　92
専門家　26-27, 29
専門家像のパラダイム転換　26
総合的な人間力　17
創造的な音楽学習　155
　　——モデル　65, 118
即戦力　141, 153, 156
その他の働きかけ　64

タ行

大切なレッスン　139
大量退職　120
絶えざる研究心　18
楽しいだけの音楽科授業　134
多様な認知能力　136
担任教師　121
短絡的な楽しさ　138
地域　184, 186
中央教育審議会　160
中年期　50
中年期の危機　53-55, 163, 177, 188

追試　35, 117
通過点　107, 114
出来事　29
手拍子　64
手を出さない　64
転機　55, 166, 167, 169, 171, 173, 174, 188
転勤　166, 168, 171, 176, 178
問い直し　177
同質の文化集団　127
頭声的発声　165
導入　150
同僚性　179, 183, 186

ナ行
西六郷少年少女合唱団　165
ノンバーバル　29
ノンバーバルな働きかけ　76

ハ行
発達　131
発達観　115
発問的指示　69
パフォーマンス　148
　──スタイル　151, 152, 153, 155
範唱　64, 74, 78, 148, 155
板書　64
反省的思考　25
反省的実践　116
反省的実践家　21, 25-27
反省的実践の授業研究　38
範奏　64, 155
伴奏　64, 155
判断　32, 34, 36, 82, 101, 108, 109, 114, 116
　推論を伴った──　103-104
　その授業以降を見通した──　103, 105
　その授業中を見通した──　103, 105
　見通しを持った──　103, 104-107, 178
ビデオ記録　40
ヒューマニティーズ・カリキュラム・プロジェクト　42
評価　63, 69, 78, 148

標準性と個別性　158
表情　64, 148
複合的なテーマの組み替え作業　176
複雑な状況　25
ふしづくりモデル　65, 118
プラグマティック　38
文脈　31
ボイスパーカッション　67
保護者　184, 186
ポジティブな精神状態　139

マ行
マサチューセッツ工科大学　29, 30
見えない活動　3, 34-35
見える活動　3, 34-35
未消化な技や術　157
認めないこと　136
認めること　136
身振り　64, 69
無意識的　28
目指す像　158
メタ認知　98
メンター　138, 179
盲従　117
模擬授業　156
モニタリング　20-21, 81
物語（ナラティヴ）的認識　38

ヤ行
やらせっぱなしの指導　77
有能な演奏家　113
要請　74, 79
養成　22
養成期　47
養成教育　54

ラ・ワ行
ライフコース　45
　教師の──　10
ライフステージ　45
　教師の──　10
　各教師固有の──　51-52

固有ではあるが共通した―― *52-54*
　　一般的な―― *48-51*
ライフストーリー　　*57, 162, 164*
ライフヒストリー　　*11*
ライフヒストリー法　　*57, 58, 162, 187*
らしさ　　*150*
ラポール　　*163*
リアリティ・ショック　　*54-55, 120, 127, 139*
理念的教師論　　*22*
リフレクション　　*98*
臨時採用　　*123*
ロールプレイ　　*154, 156*
ロック　　*131*
ワークシート　　*134*

著者紹介

高見 仁志（たかみ ひとし）

佛教大学教育学部 准教授
1964年兵庫県生まれ
兵庫教育大学学校教育学部 卒業
兵庫教育大学大学院連合学校教育学研究科 修了，博士（学校教育学）
兵庫県公立小学校教諭，湊川短期大学教授，畿央大学准教授を経て現職
研究領域：音楽教育学，教師教育

【著書】
『幼児の音楽教育法──美しい歌声をめざして』（共著）ふくろう出版，2009年。
『小学校音楽科教育法──学力の構築をめざして』（共著）ふくろう出版，2010年。
『これ1冊で子どももノリノリ 音楽授業のプロになれるアイデアブック』（単著）明治図書出版，2010年。
『「表現」がみるみる広がる！ 保育ソング90』（共編著）明治図書出版，2012年。
『担任力をあげる学級づくり・授業づくりの超原則』（単著）明治図書出版，2013年。

音楽科における教師の力量形成

2014年4月10日　初版第1刷発行　　〈検印省略〉

定価はカバーに表示しています

著　者	高 見 仁 志
発行者	杉 田 啓 三
印刷者	田 中 雅 博

発行所　株式会社　ミネルヴァ書房
607-8494　京都市山科区日ノ岡堤谷町1
電話（代表）（075）581-5191
振替口座　01020-0-8076

ⓒ高見仁志，2014　　創栄図書印刷・藤沢製本

ISBN978-4-623-07011-4
Printed in Japan

教職をめざす人のための 教育用語・法規
広岡義之編　四六判　312頁　本体2000円

●194の人名と，最新の教育時事用語もふくめた合計863の項目をコンパクトにわかりやすく解説。教員採用試験に頻出の法令など，役立つ資料も掲載した。

「人間と教育」を語り直す ── 教育研究へのいざない
皇 紀夫編著　A5判　260頁　本体2500円

●教育を「人間の在り方」の次元に引き寄せて語り直すことで，読者が，教育の意味や役割について主体的により深く考え，教育に新しい意味世界を発見できるように構成した教育入門書。教育を考える新しい思考スタイルや，従来想定されることがなかった問題などが語られる。

よくわかる質的社会調査　プロセス編
谷　富夫・山本　努編著　B5判　240頁　本体2500円

●社会調査の概説，歴史的展開と，問いを立てる→先行研究に学ぶ→技法を選ぶ→現地に入って記録する→収集したデータを処理して報告書を作成する，までの過程を具体的にわかりやすく解説する。

よくわかる質的社会調査　技法編
谷　富夫・芦田徹郎編著　B5判　240頁　本体2500円

●質的調査のスタンダードなテキスト。調査方法の紹介とその技法，そして調査で収集したデータの分析技法をわかりやすく解説する。

── ミネルヴァ書房 ──
http://www.minervashobo.co.jp/